KB248510

생각의 설계

생각의 설계

스스로 찾아내는 행복 디자인

생각의 설계

THE DESIGN OF IDEA

박용배 지음

매일경제신문사

스스로 찾아내는 행복 디자인

생각의 설계

초판 1쇄 2008년 6월 16일
3쇄 2010년 7월 30일

지은이 박용배
펴낸이 김석규   **담당PD** 권병규   **펴낸곳** 매경출판(주)
등 록 2003년 4월 24일(No. 2-3759)
주 소 우)100-728 서울 중구 필동1가 30번지 매경미디어센터 9층
전 화 02)2000-2610(출판팀) 02)2000-2636(영업팀)
팩 스 02)2000-2609   **이메일** publish@mk.co.kr

ISBN 978-89-7442-510-4
값 10,000원

　우리 모두는 자신의 인생 드라마를 연출하는 연출가다. 어느 누구도 내 인생을 대신 살아줄 수 없다. 인생을 행복 드라마로 만들어 갈 것인가, 아니면 불행한 드라마로 만들어 갈 것인가는 전적으로 나 자신에게 달려 있다. 흘러가는 시간을 붙잡아 두었다가 다시 꺼내 쓸 수 없듯이, 인생은 하루하루가 리허설 없는 생방송이다.

　우리 모두는 자화상을 그리는 화가다. 인생 전체를 한 폭의 그림으로 남기는 화가인 셈이다. 인생을 밝고 아름답게 그릴 것인가, 아니면 어둡고 우울하게 그릴 것인가는 전적으로 나 자신에게 달려 있다.

우리 모두는 노랫말을 쓰고 곡을 붙이고 노래를 부르는 가수다. 자신의 인생을 노래하는 가수인 것이다. 밝은 노래를 부를 것인가 아니면 우울하고 슬픈 노래를 부를 것인가는 전적으로 나 자신에게 달려 있다.

우리 모두는 건축 설계사다. 설계사의 설계에 따라 건물이 건축되듯 인생이란 건물을 어떻게 세워나갈 것인가는 내 생각의 설계에 따라 달라진다.

기왕이면 재미있는 드라마를 만들어 가자. 기왕이면 아름다운 자화상을 그리자. 기왕이면 밝은 노래를 부르자. 기왕이면 멋진 설계를 하자.

나는 한때 우울증에 시달렸으며 자살을 생각하기도 했다. 그런 내가 인생을 바꾸어야겠다는 결심을 하고 '생각의 설계도'를 다시 그리기 시작했다. 그 결과 지금은 나 자신이 행복함은 물론이고 많은 이웃들에게 행복을 전파하는 행복연출가로 살고 있다. 이 책이 독자들의 슬픔과 허무와 우울함을 기쁨과 감사와 행복으로 바꾸는 데 조금이나마 도움이 되기를 바란다.

　이 책을 낼 수 있도록 도움을 주신 유성봉 교수와 문미나 교수에게 감사를 드린다. 또 오늘의 내가 있기까지 기도해준 장인·장모님과 말없이 내조해 준 사랑하는 아내 이경희 사모, 그리고 아들 요셉, 딸 한나, 사위 김흥환 목사, 박경화 누님, 부평 사랑의 교회 가족 모두에게 감사를 드린다.

박 용 배

목차

Part
1

생각 설계의 밑그림
인생을 ‘4’로 나누다

봄, 여름, 가을, 겨울

자연계에 봄, 여름, 가을, 겨울이 있듯 우리 인생에도 사계절
이 있다. 가는 봄은 붙잡아둘 수 없고, 오는 여름은 막을 수 없다.
인생의 흐름도 마찬가지다.

첫째, 인생 봄.

'인생 봄'을 어떻게 보내느냐는 매우 중요하다. 농부들은 이른
봄에 묵은 땅을 기경하고 씨앗을 뿌려 한 해의 농사를 시작한다.
그렇게 하면 얼마 지나지 않아 새싹이 나고 꽃을 피우면서 무럭
무럭 자란다. 자라난 식물이 여름의 뜨거운 햇빛을 받으며 익어

가면 가을에 수확을 하고, 겨울에는 그 소산을 즐기게 된다.

이와 같이 인생 봄은 부모의 보호를 받으며 공부하는 시기로서, 10~20대의 시절로 봐야 할 것이다. 이 시기는 열심히 공부하며 미래를 준비하는 아주 중요한 때다. 농부가 봄에 씨앗을 뿌리지 않고 여름에 땀 흘려 가꾸지도 않고서 가을에 수확할 수 있을까?

이처럼 중요한 시기에 공부하지 않고 놀기만 하면서 좋은 대학이나 직장에 들어가려고 한다는 건 어불성설이다. 이 시기는 공부하며 사회생활을 준비하는 때다.

여러분은 인생 봄을 어떻게 보냈으며 또한 어떻게 보내고 있는가? 인생 봄은 기초가 세워지는 매우 중요한 시기다. 나무를 분재용으로 쓰려면 가지가 어리고 말랑말랑할 때 구부리기도 하고 휘게도 해야 한다. 이미 굵어진 나무는 부러져버려 분재로 쓸 수가 없다.

나의 어린 시절은 아픈 기억들로 가득 차 있다. 내가 네 살 되던 해 이른 봄에 어머니가 산에 두릅나물을 따러 가셨다가 낭떠러지에서 떨어져 돌아가셨다. 갑자기 어머니가 돌아가시자 우리 집안에는 많은 문제가 나타나기 시작했다.

아버지는 알코올 중독자가 되었고, 한때 새어머니가 오기도 했지만 술독에 빠져 있는 아버지를 견디지 못해 두 달 만에 나가고 말았다. 초등학교만 겨우 마친 나는 14세 때부터 객지로 나와 살면서 식당 배달부, 그릇닦이, 레스토랑과 맥주홀의 웨이터 등 여러 직업을 전전했다. 공부해야 할 시기에 공부할 수 없었고, 어떤 자격증도 따놓지 못했다.

그러던 어느 날 방위병으로 군 생활을 마칠 때쯤 지금의 처갓집에 양자로 들어가게 되었고, 그 집의 무남독녀인 처와 결혼하였다. 그러나 행복할 줄 알았던 결혼생활에서도 수많은 어려움이 닥쳤다. 고등학교를 나온 처는 초등학교 출신인 내가 무식하여 싫다고 했다. 부모님의 강요에 의해 결혼은 했으나 가까이 오는 것조차 소름 끼쳐 했다.

그래서 나는 늦게나마 공부를 하기로 결심하게 되었다. 사람에게는 자극이 필요하다. 난 결국 1984년과 1985년에 각각 중등 및 고등 과정을 검정고시로 마쳤다. 이에 그치지 않고 대신대학을 나와 총신대 대학원까지 졸업하게 되었으며, 지금은 박사 과정 공부를 하고 있다.

지금 돌이켜 생각해보면 아내의 무시가 나에게 자극이 되어 공부에 대한 한을 품게 한 것 같다. 그 결과가 나름의 성공으로 이어졌으니 오히려 아내가 고마울 따름이다.

여러분은 인생 봄을 어떻게 보냈는가? 혹시 인생 봄을 망쳤다고 하더라도 지금부터 도전하고 시작하길 바란다. 시작이 반이라고 하지 않던가? 인생 봄인 10~20대는 너무나 중요한 시기다. 만약 그 또래의 자녀가 있다면 그들이 인생 봄을 잘 보내도록 지도하고 격려하고 이끌어 주자.

둘째, 인생 여름.

농부가 여름의 뜨거운 땡볕 아래에서 구슬땀 흘리며 농사일을 하는 것처럼, 인생 여름은 땀 흘려 열심히 일해야 하는 30~40대의 시기다. 아무리 기름진 밭에 품질 좋은 씨앗을 심었다 할지라도 여름의 뜨거운 햇빛을 받지 못 하면 자랄 수 없다. 김을 매고 잡초를 뽑아주지 않으면 잡초가 무성해져서 역시 곡식이 잘 자라지 못한다. 또한 태풍이 몰아치면 그동안 고생한 농사를 순식간에 망칠 수도 있다.

'곡식은 주인의 발자국 소리를 들으며 자란다'는 말이 있다. 인생 여름은 두려울 것이 없고 힘이 솟는 패기의 계절이다. 무엇이든 할 수 있다는 자신감으로 준비하고 도전하고 성취해야 하는 시기다. 이 귀중한 시기를 헛되이 보내지 말길 바란다. 인생의 황금기에 미래를 대비하는 지혜로운 사람이 되어야 할 것이다. 다가올 가을의 황금 들녘을 생각하며 고생하는 농부처럼, 인생 여름의 계절에 최선을 다하는 삶은 아름답다.

'하늘은 스스로 돕는 자를 돕는다'는 말이 있다. 성실하고 근면하게 살아갈 때 돕는 사람도 나타나게 된다. 전문성을 키우고 자신과 가족 그리고 회사와 국가를 위해 실력을 갖춰 성실하게 살아갈 때 미래는 보장될 것이다.

셋째, 인생 가을.

인생 가을은 50~60대의 나이로서, 지금껏 갈고 닦은 기술과 실력으로 수확하는 시기다. 여름 내 땀 흘려 가꾼 곡식을 수확하는 농부처럼, 숙달된 실력가로서 인생의 황금 들녘을 누비는 때다. 수확의 기쁨! 이 기쁨은 맛 본 사람만이 알 수 있을 것이다.

나이 마흔이 넘으면 자신의 얼굴과 이름에 대하여 책임을 져야 한다고 하지 않는가? 인생 가을에 풍성히 수확해 놓으면 곧 다가올 인생 겨울을 즐겁고 보람 있게 보낼 수 있다. 아무리 땀 흘려 잘 가꾸어놓은 농사일지라도 수확기를 놓치면 애써 지은 일 년 농사가 헛수고가 된다. 시기를 잘 알고 수확하여 창고에 들여놓아야 한다.

넷째, 인생 겨울.

인생 겨울은 70~80대의 노인 시기를 말한다. 인생 겨울은 그동안 벌어놓은 것들을 누리고, 어려운 이웃과 나누며 섬기는 등의 선한 일을 베푸는 즐거움의 계절이다. 인생의 의미를 생각해 보고 고마웠던 사람들을 돌아보면서 아름답게 살아가야 하는 게 인생 겨울이다.

여러분은 지금 어느 계절에 있는가?

인생 사계절은 어느 한 계절도 헛되이 낭비하여 흘려보낼 수 없는 중요한 시간들이다. 잘 쓰면 보람되고 아름답지만, 잘 못 쓰면 허송세월하게 되고 그 결과가 너무나 비참하다. 시간을 잘 쓰는 것도 잘 못 쓰는 것도 전적으로 자기 자신에게 달려있다. 하나님은 남녀노소 빈부귀천을 막론하고 누구에게나 똑같이 하루 24시간을 허락해 주셨다. 그 시간을 잘 활용하느냐 그렇지 않느냐에 따라 결과는 엄청난 차이로 돌아온다.

나는 어느덧 50대가 되었다. 나는 머지않아 맞이할 인생 겨울을 대비하기 위하여 하루를 일 년처럼 최선을 다해 살아보고자 애쓰고 있다.

앞에서도 언급했지만, 내 인생을 어느 누가 대신 살아줄 순 없다. 행복도 불행도 내가 만드는 것이다. 나는 지금 어느 계절을 살고 있는가? 미래를 아름답고 행복하게 만들기 위하여 오늘을 어떻게 살고 있는가?

기왕이면 밝게 웃으며 살자. 기왕이면 칭찬하며 살자. 스스로 내 인생 드라마를 불행하게 만들 필요는 없지 않은가.

행복한 미래는 오늘 하루를 어떻게 만들어 가느냐에 따라서 결정된다. 그리고 이것이야말로 '생각의 설계'를 위한 가장 기본적인 밑바탕이다.

'OK'를 말하는 네 가지 방법

첫째, I am not OK, You are OK.

둘째, I am not OK, You are not OK.

셋째, I am OK, You are not OK.

넷째, I am OK, You are OK.

첫 번째 유형인 'I am not OK, You are OK'는 자기부정, 타인긍정형의 사람이다. 이 유형의 사람들은 이렇게 하소연한다.

"내 주변 사람들은 전부 가정환경도 좋고 부모형제도 잘 만났고 배우자도 잘 만났는데, 나만 왜 이렇게 재수가 없고 하는 일들마다 안 되는 것일까.”

이들은 자기 자신에 대해 강한 부정을 하는 사람이다. 이런 사람에게는 우울증이나 불면증, 더 나아가 정신병까지 올 수도 있다.

나는 한때 바로 이 첫 번째 유형의 사람이었다. ‘부모덕도 못 보고 형제복도 마누라복도 없으며, 하는 일들마다 잘 안 될 것이다’라고 생각했던 자기부정형의 사람이었다. 이런 자기부정형의 사람은 대인관계가 원만하지 못하여 대인기피현상이 올 수도 있다.

여러분은 성공하고 행복하기를 원하는가? 그렇다면 하루 빨리 자기부정형에서 벗어나 자기긍정형으로 바뀌어야 한다. 그렇지 않으면 심각한 문제가 올 수도 있다. 우울증은 정신병의 시초가 된다. 심해지면 자살과 같은 극단적인 결과를 불러일으킬 수도 있다.

두 번째 유형인 ‘I am not OK, You are not OK’는 자기부정은 물론이고 타인도 부정하는 사람이다. 이 역시 좋지 않은 유형의 사람이다. 나도 안 되고 너도 안 되니 세상이 뒤집어져야 한다는 잘못된 사고를 가진 사람이다.

이런 유형의 사람과 가까이 지내면 매사가 부정적이기 때문에 발전이 어렵다. 또한 세상을 뒤집어버려야 한다는 과격한 생각을 하기 때문에 아주 좋지 않은 결과를 가져오게 된다.

이런 사람은 마치 염세주의 철학자였던 쇼펜하우어와 같은 유형의 사람이다. 쇼펜하우어는 사람은 태어나지 않는 것이 좋고 태어났으면 빨리 죽는 것이 좋다고 했다. 그의 강의를 듣고 자살한 사람이 얼마나 많았던가. 그러면서도 자기 자신은 72세까지 살았는데, 그는 죽던 날에도 더 오래 살기 위하여 냉수마찰을 하다가 심장마비로 죽었다고 한다.

따라서 이런 유형의 사람들은 수양하고 치유받아 긍정적 사고로 바꿀 필요가 있다.

세 번째 유형인 'I am OK, You are not OK'는 자기긍정과 타인부정형의 사람이다. 이런 사람을 우리는 우스갯소리로 왕자병, 공주병이라고도 부른다. 나는 이렇게 잘났는데 당신은 왜 그 모양이냐고 하면서 교만하게 행동하니, 다른 사람에게 상처를 많이 줄 수밖에 없다.

어떤 부인이 한 세미나에 참석했다. 몇 시간 동안 강의를 듣고 나서 강사와 면담을 요청하고는 이렇게 말했다.

"강사님의 강의를 듣고 보니 제가 조금 예쁘다는 것 때문에 교만했으며, 조금 예쁘다는 것 때문에 다른 사람에게 상처를 주고 마음을 아프게 한 것 같습니다."

말끝마다 '조금 예쁘다는 것 때문에' 라고 하기에 그 강사는 도대체 얼마나 예쁜가 하고 안경 위에 돋보기를 덧끼우고 자세히 보았다고 한다. 그런데 전혀 예쁘지 않았다. 그러나 본인은 아주 예쁘다고 착각하고 있었던 것이다. 그래서 강사는 그 부인에게 말했다.

"당신은 공주병을 넘어 착각병에 걸렸군요."

이런 착각병에 걸린 사람들이 우리 주변에는 상상 외로 많이 있다. 이것은 분명 치유받아야 하는 병이다.

내가 사역하고 있는 목회 현장에 어느 여집사가 찾아왔다. 교회와 아주 가까이 살고 있는 주부였다. 자신이 주일 밤 예배와 수요 저녁예배, 금요 철야기도회나 새벽기도를 나오지 못해서 죄송하다고 했다. 아이들도 컸고 직장에 다니지도 않는데 왜 일요일

낮 한 시간만 예배에 나오느냐고 물었다. 좀 자주 나와서 교회와 이웃에 봉사도 하라고 했더니 곤란한 듯이 말했다.

"보시다시피 저는 너무 예뻐서 길에 나가면 모든 사람들이 나만 쳐다봐요. 그래서 납치당할까봐 겁이 나서 밤에는 나오지도 못해요."

정말 그분이 그렇게 예뻤냐 하면 한마디로 '전혀 아니올시다' 였다. 이런 유형의 사람은 '나는 이렇게 잘났는데 당신은 왜 그 모양이냐' 라고 생각하는 스타일이기 때문에 말을 함부로 한다. 그리고 그 때문에 상처받는 사람이 많아져 주변에 적이 많아지게 된다. 나 자신을 낮추고 남을 나보다 더 높게 여기며 겸손할 필요가 있다. 그럴 때 주변에 사람이 모이고 따르는 사람도 많아진다.

어느 날 단골 치과에 치료를 하러 갔다. 그 병원은 손님이 많아서 갈 때마다 한두 시간씩 기다려야 했다. 기다리는 중에 어느 할머니가 원장에게 이렇게 이야기하는 것이었다.

"제가 집에서 이곳까지 오는 게 너무 멀다고 원장님께서 집 가까이에 있는 치과를 소개해 주셨잖아요? 그곳에 치료받으러 갔더니 너무 아프게 하고 치료도 잘 못해서 다시 여기로 왔어요."

그러자 원장은 정색을 하면서 말했다.

"아이구! 그런 말씀하시지 마세요. 그분은 저보다 열 배는 훌륭한 분이세요. 그분이 치료했기에 그 정도만 아픈 것이지, 내가 치료했으면 훨씬 더 아팠을 겁니다. 원래 그 부위의 치료가 다른 부위보다 아파요."

그때 난 그 원장을 다시 보게 되었고 더욱 존경하게 되었다. 그 원장이 명문대학을 나와 일본에 유학해서 박사학위를 받고 치과협회장을 역임한 아주 유명한 분이라는 것을 다른 치과의사로부터 들은 적이 있다. 그런 분이 자신을 낮추고 타인을 자기 자신보다 '열 배 이상 훌륭하신 분'이라고 말하는 것을 보자 그 원장을 더욱 존경하지 않을 수 없었다.

대통령 선거를 앞두고 서로가 상대방을 비방하며 자신이 당선되어야 한다고 목소리를 높이는 것을 보았다. 상대의 장점을 소개하고 대단히 훌륭한 분이라고 높여주면 얼마나 좋겠는가. 그리고 나서 "그렇지만 저에게도 이런 장점과 비전이 있으니 기회를 주면 잘 하겠노라"고 정책을 밝히면 자신의 인격이 더 높아질 것이다.

미국의 제16대 대통령 선거 전, 링컨과 더글러스가 경선에서 만났다. 더글러스는 집안 배경과 자란 환경 등 모든 면에서 링컨과는 비교되지 않는 엘리트였다. 더글러스는 링컨을 비하하며 약점을 공격했고, 심지어 링컨에게 '두 얼굴의 사나이'라고도 했다. 그때 링컨은 웃으며 "제가 두 얼굴의 사람이라면 왜 잘생긴 얼굴을 두고 이렇게 못생긴 얼굴로 나왔겠느냐"며 웃음으로 받아 넘겼다고 한다.

남을 비방하고 헐뜯고 비하하면 내 자신이 추하고 낮아 보인다. 남을 높여라. 이웃을 칭찬하라. 그러면 나 자신이 높아진다.

네 번째 유형인 'I am OK, You are OK'는 자기긍정과 타인긍정의 사람이다.

이런 사람이 아주 이상적이고 훌륭한 생각을 가진 사람이다. 이 유형은 자기사랑과 타인사랑을 동시에 갖추고 있다.

'내 자신도 굉장히 가치 있는 사람이고 당신도 굉장히 중요한 사람'이라고 생각하는 이 네 번째 유형의 사람이야말로 참으로 귀한 사람이라 할 수 있다. '나'도 중요하지만 '상대방'도 중요하게 여기므로 함부로 상처 주는 말과 행동은 하지 않는 고상한 인격의 사람이다. 자기 자신을 있는 그대로 이해하고 받아들이고 인정하면서, 또한 타인에 대한 포용과 배려가 있는 사람이다.

이 유형의 사람은 매사에 신중하며 상대편을 이해하려고 하는 자세를 가지고 있기 때문에 큰 그릇으로 보인다. 따라서 자연스레 주변에는 따르고 아끼는 사람이 많아지게 된다. 이런 유형의 사람이 많아질 때 우리 사회는 밝고 건강하게 된다.

나 자신이 조물주로부터 받은 달란트가 많고 무한한 잠재력을 가진 사람임을 인정하듯, 상대방도 똑같은 달란트와 능력을 가진 사람으로 높이는 것은 얼마나 아름다운 일인가. 그 결과 굉장한 팀워크가 이루어지고 거기서 발산되는 능력은 무한한 힘을 발휘하게 된다.

이 네 종류의 사람들 가운데 나는 어느 유형에 속하는가? 혹시 자기부정형은 아닌가? 자신도 부정하고 타인도 부정하는 유형은 아닌가? 왕자병이나 공주병처럼 자기 자신의 자만과 착각 속에 살고 있는가? 아니면 자기긍정 타인긍정, 자기사랑 타인사랑의 사람인가?

미국 시애틀에서 열리는 세미나에 갔다가 한 아가씨를 상담한 일이 있었다. 그녀는 부모님을 원망하고 계속 자기 자신을 비하하면서 '자신은 망할 것'이라고 주장했다. 내가 아무리 그렇지 않다고 해도 본인 스스로 계속 자학하듯 부정했다. 참으로 안타까웠다.

우리 모두 자기긍정 타인긍정형으로 살아가자. 이런 유형의 사람을 만나서 대화하면 희망이 보이고 힘을 얻기 때문에 그 주변에는 항상 좋은 이웃들이 많이 모이게 된다.

아무리 부족한 사람이라도 장점이 있기 마련이다. 나 자신이 중요하듯 상대방도 중요한 사람이니 자기를 사랑하듯 타인을 사랑하고 행복을 연출하는 사람이 되자.

지금 나에게 향기가 나고 있을까?

또 다른 네 가지 유형을 살펴보자.

첫 번째는 '향기' 다.

하나님이 만드신 우주만물과 삼라만상 중에는 형형색색의 아름다운 꽃들이 있다. 그 어떤 꽃인들 아름답지 않은 것이 있겠는가? 그러나 그 어떤 꽃보다 아름다운 것이 사람이다.

꽃 속에는 꿀샘이 있다. 꿀벌이 멀리서 꽃을 보고 날아드는 것은 시력이 좋아서가 아니다. 꿀벌은 냄새를 맡는 후각이 뛰어나 멀리서도 꿀 향기가 나는 곳으로 날아갈 수 있다. 하나님께서는 꿀벌이 꿀을 따가는 동안 암술에 수술의 꽃가루가 옮겨져 열매를 맺게 만드셨다.

향기는 아름답다. 오월의 아카시아 숲을 걸어보았는가? 라일락향기 그윽한 나무 밑에 가보았는가? 이런 향기는 달콤함 그 자체다.

그런데 이와 비교할 수 없을 정도로 아름다운 향기를 간직한 존재가 바로 사람이다. 얼굴 표정이나 옷매무새, 그리고 말과 행동의 모든 자세에서 향기를 내뿜는 사람이 있다. 얼굴에는 미소가 잔잔하게 퍼져있고, 겸손하고 예의바르며, 타인을 배려하고 섬기는 자세를 가진 사람이 바로 그런 사람이다.

이 사람의 주변에는 사람들이 몰려온다. 꿀벌이 꽃의 향기에 취해 날아오듯 향기를 풍기는 사람에겐 그 향기에 취한 사람들이 몰려든다.

나의 얼굴 표정에는 미소가 흐르고 있는가? 겸손한 자세로 상대에게 말하고 있는가? 용기와 격려와 믿음과 신뢰와 사랑을 주며 항상 상대방을 살려주는 언어를 쓰고 있는가? 진정으로 상대를 섬기고 배려하며 용기를 주는 사람인가? 이 질문에 '그렇다'고 대답할 수 있는 사람은 아마도 최고의 향기를 가진 사람일 것이다.

두 번째는 '냄새' 다.

향기라고 하긴 조금 부족하고, 악취라고 하기엔 견딜 만한, 그런 걸 '냄새' 라고 한다.

어떤 사람은 좋은 냄새를 풍기고 다니지만 어떤 사람은 너무나 좋지 못한 냄새를 풍기고 다닌다. 이런 사람들은 겸손한 냄새, 이기적이고 자기 자신밖에 모르는 냄새, 독선적인 냄새, 비린내 같이 맡고 싶지 않은 냄새 등 수많은 냄새를 흘린다.

말과 행동에서 인격의 냄새가 난다. 교양의 냄새가 난다. 인생 철학의 냄새가 난다. 나는 내 주변 사람들에게 어떤 냄새를 풍기고 있는가?

세 번째는 '악취' 다.

잠깐만 맡아도 머리가 아프고 현기증이 난다. 심하면 구토가 나기도 한다. 나는 빈민촌에서 빈민선교를 하면서 오랫동안 씻지 않은 사람을 씻겨주기도 했었고 폐결핵 등의 병환으로 오래 누워 있는 환자에게 봉사한 적도 있었다. 또한 국경지대에서 오랫동안 씻지 못한 탈북자를 껴안고 기도한 적도 있었다. 그런 사람들 옆에 가면 심한 악취가 난다. 얼마나 악취가 심했던지 가까이 가기 힘들 정도다.

밀폐된 공간의 재래식 화장실이나 양돈장에 가보았는가? 부패한 시체의 염을 해보았는가? 악취가 너무 심해 빨리 그 자리에서 벗어나고 싶어진다.

하지만 여기선 이런 화학적인 악취를 말하려는 게 아니다. 우리의 말과 표정, 자세와 행동이 혹시 그런 악취와 같지는 않은가 생각해 보자.

화난 표정에 눈에서는 독기가 흐른다. 인상은 굳어 있으며, 입에서는 독한 험담과 저주의 언어가 나온다. 거만하게 남을 무시하는 자세로 자신만 항상 옳고 다른 사람은 모두가 틀린 사람으로 여긴다. 매사에 신경질적이고 비관적이다.

이런 사람이 바로 악취를 내뿜는 사람이다. 이 악취는 안 씻은 사람이나 오물 등에서 나는 악취와는 비교가 안 될 정도로 지독하다.

악취를 좋아할 사람은 아무도 없다. 우리의 자세에서 악취를 향기로 바꾸자. 시커먼 청계천 고가도로가 아름다운 생명의 청계천으로 변모했듯이, 우리의 마음과 생각과 자세에서 악취 나는 부분을 향기로 바꾸도록 하자. 겸손과 섬김, 배려와 관심, 이웃과 아랫사람에 대한 사랑과 봉사로 살아갈 때 악취는 사라지고 향기가 날 것이다.

네 번째는 '독가스'다.

이건 흡입 후 기분만 나빠지는 수준이 아니다. 금세 정신을 잃고 죽게 된다. 언젠가 밀폐된 공간에서 일하다가 누군가 독가스를 마시고 쓰러졌고, 그 사람을 구하러 들어간 사람까지 죽게 되었다는 뉴스를 접한 적이 있다. 이처럼 독가스는 위험하고 무섭다.

우리는 주변에서 사람을 잘못 만나 자살하거나, 강도나 살인에 연루된 케이스 등을 보게 된다. 참 괜찮은 사람이었는데 사람 한 번 잘못 만나서 한평생 온갖 고통을 겪은 사람도 보게 된다.

많은 젊은이들을 자살하게 만들었던 염세주의 철학자 쇼펜하우어나 수많은 사람을 죽음으로 몰아간 히틀러, 스탈린, 네로 같은 사람들이 바로 독가스 같은 존재다. 이런 존재들은 앞서 이야기했듯 상대의 기분을 상하게 하는 걸 넘어서 해치기까지 한다.

그렇다면 내 삶의 자세는 어떠한가? 무심코 던지는 돌이 개구리에게는 생사의 문제가 걸린 심각한 일이듯, 우리가 별 생각 없이 무심코 내뱉는 부주의한 말 한마디와 무례한 행동이 타인에게 놀이킬 수 없는 상처와 후유증을 남길 수 있다.

자신의 독가스 같은 역할 때문에 인생의 길에서 실족하는 사람이 없도록 늘 마음과 행동을 살피고 조심해야 한다. 이왕이면 힘과 용기와 희망을 주며, 상대방을 살리고 세우는 사람이 되어야 한다. 자신을 만난 사람들이 힘이 빠지고 실패하고 실족했다면 그 사람은 곧 독가스를 품은 사람임을 뜻한다.

이상의 네 종류 냄새 중에서 나는 과연 어느 종류의 냄새에 속하는 사람일까?

부디 향기가 되어 '살리는 사람'이 되자. 악취나 독가스를 풍기지는 말자. 나 자신이 은혜와 믿음의 사람이 되고, 가족과 주변 사람에게 유익을 주며, 지역과 민족과 세계를 위해 살 때 생은 아름다워지는 것이다. 우리나라 역사에 길이 빛나는 김구 선생이나 안창호 선생 같은 분들은 분명 향기를 내뿜었을 것이다. 그런 분들 때문에 오늘 우리가 이렇게 잘 살고 있는 것이다.

철도원 김행균 씨는 선로에 떨어진 승객을 구하고 정작 본인은 열차에 치어 다리를 잃고 말았다. 아이가 선로에 떨어져서 구해 주었지만 그 아이의 부모는 끝내 나타나지 않았다고 한다. 김행균 씨는 사고가 난 영등포역의 역장이 되었다. 너무나 당연한 것이다. 그런 분이 바로 향기 같은 분이 아닐까?

비록 지난날에는 악취와 독가스를 내뿜는 생을 살았을지라도, 갱신하고 치유받으면 향기가 날 수 있다. 한국전쟁 당시 두 아들을 죽인 공산당을 양자로 삼아 사랑을 쏟아 부었던 순교자 손양원 목사님 같은 분이야말로 향기와 같은 사람이 아니겠는가? 향기 나는 꽃에 꿀벌이 몰려와 열매를 맺게 되듯 우리가 향기 같은 사람이 될 때 많은 사람을 얻게 될 것이다.

당신은 행복한 인생을 살기를 원하는가? 그렇다면 향기가 되라. 그러면 벌과 나비가 당신의 향기를 향해 날아올 것이다. 나의 생각과 언어와 습관과 가치관, 더 나아가 인생철학이 아름다운 향기가 될 때 나도 행복하고 주변 사람도 행복해진다.

반대로 미움과 분노와 독선, 즉 악취나 독가스로 가득하다면 그 자신은 물론 곁의 사람까지 불행하게 될 것이다.

향기에 취한 사람들이 나를 사랑해 주고, 나를 아껴주게 된다. 아름다운 향기 입자를 퍼뜨리는 당신은 진정 행복한 사람이다. 이 행복연출가는 어느 장소, 어느 조직에서나 행복을 주는 말과 칭찬, 친절로 타인을 기쁘게 한다.

나는 오늘도 내가 속한 곳에서 행복 입자를 퍼뜨렸는가? 행복을 연출하는 말과 실천을 하였는지 점검해보자.

Chapter 4

베짱이와 개미와 거미, 그리고 꿀벌

이번에는 인생을 네 종류의 곤충에 비유해보자.

첫째, 베짱이 같은 인생이 있다.

이솝우화를 보면 개미와 베짱이 이야기가 나온다. 더운 여름 내내 땀 흘려 일하는 개미와, 그런 개미를 비웃으며 노래하고 놀기만 했던 베짱이의 이야기다. 겨울이 되자 입장이 바뀌어 베짱이는 결국 개미에게 식량을 구걸해야 하는 처량한 신세가 된다.

베짱이 같은 인생을 사는 사람은 오직 자신의 인생만을 즐기는 사람이다. 물론 인생을 우울하게 살 필요는 없지만, 자기 자신의 즐거움만을 위해 살다가 간다면, 소중하게 주어진 단 한 번의 인생이 너무나 허무하지 않을까? 나 혼자만의 즐거움을 추구하는 삶은 살사는 인생이 아니다.

1960년대와 1970년대 우리나라에서는 직업이 뭐냐고 물었을 때 '놀고 먹는다'고 하면 대단한 사람처럼 취급받던 시절이 있었다. "노세, 노세, 젊어서 놀아, 늙어지면 못 노나니"라는 가사의 유행가가 인기 있던 시절이었다. 그러나 일하지 않고 놀고먹는 사람은 절대 행복할 수 없다.

둘째, 개미 같은 인생이 있다.

개미는 봄, 여름, 가을 동안 열심히 일하면서 다가올 겨울을 준비하고 대비하는 지혜로운 곤충이다. 성경을 보면 '게으른 자여 개미에게 가서 배우라. 일하기 싫은 사람은 먹지도 말라'고 기록되어 있다. 개미같이 부지런하고 묵묵하게 자기의 일을 하는 사람이 아름답다.

그러나 개미는 이렇게 스스로 성실하게 일하는 좋은 모습에도 불구하고, 그 축적해 놓은 식량을 남에게 베풀 줄 모른다. 이 세상을 살면서 남에게 민폐를 끼치지 않고 성실히 살아가는 모습도 좋지만, 오직 자기 자신과 자기 가족만 아는 것보다는 이웃과 사회와 국가를 돌아볼 줄 아는 마음의 여유를 가져야 할 것이다.

셋째, 거미 같은 인생이 있다.

거미는 거미줄을 쳐 놓고 다른 곤충들이 걸리기를 기다리다가 걸려들면 재빠르게 잡아먹는다. 이와 같이 우리 주변에는 거미 같은 인생을 사는 사람들이 많이 있다.

불과 몇 년 전만 해도 우리나라에는 여성들을 납치하여 윤락가에 팔아넘기는 인신매매 범죄가 많았다. 또 전국적으로 횡횡했던 티켓다방에서 여직원을 고용하여 착취한 악덕업자들의 뉴스도 심심찮게 들려왔었다. 자기 가족이라면 그렇게 할 수 있었을까?

어떤 인신매매단은 장애인들에게 고액의 보수를 보장한다는 취업 알선 광고를 내고 이를 보고 찾아온 장애인에게 술과 윤락을 제공한 뒤 1,000여만 원의 빚을 강제로 지게 했다. 빚을 갚을 능력이 없던 장애인들은 결국 끌려가서 몇 년씩 온갖 착취와 고통을 받았다. 장애인들을 돕지는 못할 망정 그들을 인신매매하여 수십억 원을 벌어들이다니 분노하지 않을 수 없다.

정직하게 살지 않고 유혹의 올가미를 펼쳐놓은 채 걸려들면 온갖 착취를 일삼아 죽음으로까지 몰아가는 이들이 바로 독거미 같은 사람들이다.

2007년, 아프가니스탄에서 탈레반에게 인질로 붙잡혀 고생한 우리 국민 가운데 두 사람이 그들의 총에 희생당했다. 자신들의 욕구 관철을 위해 다른 사람을 희생시키는 그들이야말로 독거미 같은 사람이 아니고 무엇이겠는가?

몇 년 전 러시아 모스크바의 전쟁박물관에 갔었는데, 전쟁의 비극과 비참함을 잘 보여주고 있었다. 그 전쟁박물관 입구에 옐친 대통령이 쓴 글귀와 함께 큰 칼이 공중에 매달려 있었다.

'칼을 쓰는 자는 반드시 칼로 망한다.'

남을 고통스럽게 하는 자는 반드시 자신도 고통에 빠지게 된다. 그것이 진리이고 역사다. 어두움이 빛을 이긴 적은 한 번도 없고, 비진리가 진리를 이긴 적도 없다. 악이 선을 이긴 적 역시 없다. 순간적으로는 불법과 권모술수가 이기는 것 같고, 온갖 수단 방법을 동원하면 잘 될 것 같지만 그것은 결코 오래 가지 못한다.

넷째, 꿀벌 같은 인생이 있다.

꿀벌은 계속 꿀을 채취하여 벌집으로 돌아와 저장을 한다. 자신의 식량만 먹고 나머지는 오직 주인을 위해 다 바친다. (물론 꿀벌 자신의 의도는 아니겠지만 그 행태만 놓고 보았을 때) 꿀을 필요로 하는 사람들을 위하여 쉴 새 없이 일하고 생을 마감한다. 또 꿀벌이 꿀을 따러 꽃들을 옮겨 다닐 때 수술의 꽃가루가 암술을 만나 열매를 맺게 된다.

부지런하고 헌신적인 꿀벌의 일생을 보며, 우리는 과연 어디서 와서 왜 살며 어디로 가서 어떻게 될 것인가를 생각하게 된다. 인간으로서, 하나님이 원하시고 시대가 원하는 일에 존귀하게 쓰임받다가 가야 할 것이다.

진정한 행복은 나 자신만을 위한 삶을 살 때 오는 것이 아니다. 참 행복은 받을 때가 아니라 베풀고 섬기고 나누고 봉사할 때 온다.

그렇다면 나는 네 가지 곤충 중에서 무엇과 닮았을까? 베짱이처럼 나 자신만의 즐거움을 위해 살아가는 사람인가? 개미처럼 성실히 살지만 내 가족과 가까운 사람만 위하는 사람인가? 독거미처럼 나 자신을 위하여 타인을 희생시키고 자신의 욕망만 채우는 사람인가? 아니면 꿀벌처럼 다른 사람들을 위하여 선한 일에 쓰임 받고 자신을 헌신하며 사는 사람인가?

나는 꿀벌 같은 사람이 많아질 때 우리 사회가 밝고 행복한, 살 만한 세상이 되리라고 생각한다. 꿀벌 같은 가치관이야말로 행복을 위한 생각 설계의 기본 바탕인 것이다.

Chapter 5

사랑을 구분하다 – 그 첫 번째 방법

'사랑' 이라는 단어만으로는 어떤 사랑을 말하는지 알 수 없다. 그러나 헬라어(그리스어)에는 사랑이란 단어가 네 종류로 구분되어 있다.

그 첫 번째로 혈육의 사랑을 의미하는 '스톨게' 가 있다.

부모와 자식, 형제 등 혈육 간의 사랑을 의미한다. 요즘은 세상이 각박해져서 부부나 부모자식 사이에도 대화가 단절된 경우가 많다. 마음의 문을 닫고 의무적으로 사는 가정들이 태반이다. 청소년들과 상담해보면, 부모를 증오하고 심지어 죽이고 싶다는 아이들도 있다.

제일 중요한 '가족공동체' 가 망가지고 있는 것이다. 남편은 아내를 사랑하고 아끼며, 아내는 남편을 섬기고 존경해야 가정을 행복 공간으로 함께 만들어갈 수 있다. 자녀는 사랑과 관심의 대상이다. 모든 부모는 자신들은 고생하더라도 그 자녀들이 잘되기를 소원한다. 그래서 이른바 기러기 가족 등을 감내하고 자녀교육에 애를 쓰는 것이다.

가족이 사랑으로 하나가 될 때 진정으로 행복한 '사랑덩어리'가 된다. 그것은 곧 서로에 대한 관심이다. 서로가 도울 것이 없는지 항상 살펴보는 마음을 갖자. 무관심은 단순히 사랑을 안 하는 정도가 아니라, 죄악이다.

사랑으로 가족을 섬기자.

그리고 밖에서 있었던 일들을 서로에게 이야기하자. 좋았던 일은 함께 몇 배로 즐거워하고, 좋지 않은 일은 서로 나누어 가짐으로써 극복하는 공동체가 되어야 한다.

부모님에게 효도하자. 부모는 자식이 효도할 때까지 기다려주지 않는다. '천천히 효도해야지' 하고 미루다보면 어느 날 부모는 떠나가버린다. 떠난 후에 아무리 후회해도 소용이 없다. 성경에

서도 '자식이 땅에서 잘되고 번성하고 장수하는 비결은 부모님
께 효도하고 공경하는 것'이라고 말씀하고 있다.

두 번째는 친구 간의 사랑인 '필래오' 다.

사람은 외로운 존재이다. 마음이 통하고 대화가 통하는 친구가
필요하다. 그런 친구와 가슴을 열고 신뢰와 우정을 쌓길 바란다.
좋은 친구는 살아가면서 큰 힘이 될 것이다. 어려울 때 서로 돕고
고민과 고통을 나눌 수 있는 진실한 친구가 있다면 그 사람은 행
복한 사람이다.

정기적으로 모여서 대화할 수 있고 서로의 노하우를 공유하며
기쁨과 슬픔을 나눌 수 있는 진실한 친구를 많이 사귀자. 그런 친
구를 원한다면 가만히 기다리지만 말고 내가 먼저 다가가서 섬기
고 도우면 된다. 먼저 섬기고 베풀면 반드시 그 공이 되돌아오기
마련이다.

이렇게 만나다 보면 서로를 알게 되고 사람들의 됨됨이가 보이
게 된다. 그리고 남을 이용하려고 하는 질이 나쁜 사람들은 자연
스레 멀리하게 될 것이다. 대신 매너와 의리가 있는 인간성 좋은
사람을 구분하여 우정을 쌓아 가도록 하자.

세 번째는 남녀 간의 사랑인 '에로스' 다.

에로스는 남녀 사이의 애정적인 사랑을 표현할 때 쓰는 단어다. 이 세상의 인구가 66억 명이라고 하는데 그중에서 어느 한 사람을 만나 열렬히 사랑한다는 것은 실로 기적 같은 일이며 아름답고 고귀한 일이다. 남녀가 만나서 단지 육체적으로만 사랑하는 것이 아니라 자신의 모든 것을 아낌없이 주면서 서로를 사랑할 수 있다면, 그것이야말로 진정 아름다운 사랑이 아닐까.

네 번째는 무조건적인 사랑을 일컫는 '아가페' 다. 아가페 사랑이란 하나님이 자기 백성에게 조건 없이 베푸는 사랑을 말한다. 우리 인간들이 아무리 서로를 사랑해도 상대방을 위해 대신 죽어 줄 만큼은 아닐 것이다. 하나님은 죄를 짓고 에덴동산에서 떠나 버린 인간을 구원하기 위하여 인간의 몸을 빌려 이 땅에 내려오셨다. 그리고 우리 죄를 대신해 십자가에서 죽었다.

세상의 모든 사랑은 조건부적인 사랑인데 반해 하나님의 사랑은 무조건적이고 절대적인 사랑이다. 이 사랑은 일방적인 사랑이다. 자녀를 향한 부모의 사랑도 아가페 사랑이라 할 수 있다. 우리 주변에 사랑에 굶주리고 목말라하는 사람은 없는지 살펴보고,

그 갈급한 영혼들에게 많은 사랑을 베풀길 바란다. 사랑은 받을 때보다 베풀 때 더 행복해진다.

얼마 전 미국 버지니아 공대에서 총기 난사로 수많은 생명을 희생시킨 조승희 군도 겉으로는 얌전하고 착한 학생 같았으나 그 마음속은 너무나 공허하고 사랑에 굶주려 있었다고 한다. 그런 영혼에게 우리가 조금만 다가가서 사랑의 손길을 내밀었다면 그 끔찍한 참사는 막을 수 있었다.

아가페 사랑! 신이 인간을 무조건적으로 사랑해 주듯이, 부모가 자식에게 무조건적 사랑을 베풀듯이 우리도 소외되고 외로워하는 사람들을 사랑해 주자.

이상 네 가지의 사랑을 살펴보았다. 나는 어떤 사랑을 하고 있는가? 혹시 아무런 사랑도 못하고 있지는 않은가? 사랑을 베풀 줄도 받을 줄도 모르는 사람만큼 비참한 사람은 없을 것이다.

혈육 간의 사랑은 당연한 사랑이다. 그런데도 우리 주변에서는 가족 간의 갈등과 원한으로 인한 소송사건, 심지어는 살인사건 같은 끔찍한 일도 종종 보게 된다. 우정적인 사랑도 많이 베풀며 살자. 사랑을 베풀 때 친구가 더 많아진다. 사랑을 받으려고만 하고 줄줄 모르는 사람이 되지 말자.

부부 사이에는 에로스적인 사랑이 필요하다. 사랑하기 때문에 결혼하였다가 얼마 못 가 헤어지는 경우가 얼마나 많은가? 사랑 발전소를 가동시켜서 남편은 아내를 아내는 남편을 아끼고, 서로 좀 더 많은 애정 표현을 하면서 살자. 사랑하며 살아도 짧은 인생이다.

가장 중요한 사랑은 아가페 사랑이다. 아가페 마음과 중심을 가지자. 행복연출은 아가페의 마음을 가질 때 가능하다. 행복의 파랑새는 어떤 대가를 바라지 않고 무조건적으로 베풀 때 찾아오는 것이다.

Chapter 6

사랑을 구분하다 - 그 두 번째 방법

지난 챕터에서 이야기한 사랑의 유형 외에, 사랑을 구분하는 또 다른 기준을 알아보자.

첫째, '받기만 하는' 사랑이다.

이스라엘에는 두 개의 호수가 있는데 호수가 너무 커서 바다라고 부른다. 그 하나는 갈릴리 바다이고 다른 하나는 사해 바다이다. 갈릴리 바다는 고기가 많아 어부도 많다. 그 갈릴리 바다에서 흘러나온 물이 요단강 줄기를 타고 사해 바다로 들어간다.

그런데 사해는 강물의 유입량보다 증발량이 많아 염도가 너무

높아 물고기가 살 수가 없다. 그래서 사해(死海), 즉 죽은 바다인 것이다. 강물은 계속 흘러 들어가는데 나오는 물은 없는 강이다. 이처럼 사랑을 받기만 하고 줄 줄 모르는 사람은 사해 바다처럼 생명력을 잃을 수밖에 없다.

아기는 우는 것 외에는 스스로 할 수 있는 일이 없으므로 필요한 것이 있으면 무조건 달라고 울어댄다. 무조건 받기만 하려는 사람은 아기 같은 사람이다. 자신밖에 모르고 이기적인 사람, 모든 사람을 이용만 하려고 하는 사람은 사랑을 받으려고만 하는 사람이다. 겉모습은 어른이라 해도, 받기만 하려고 하는 사람은 결코 어른이 아니다. 그런 미숙한 사람은 되지 말자.

둘째, '만약'의 사랑이다.

이것은 미래조건부적인 사랑을 의미한다. 현재의 조건이 좋아서 사랑하기보다는, 지금의 조건은 비록 좋지 못해도 앞으로 잘 될 것 같고 미래의 희망이 보이고 기대가 되므로 사랑할 수 있다는 사랑인 것이다.

예를 들면 '만약 당신이 성공한다면', '유명인사가 된다면', '부자가 된다면' … 하고 기대하는 사랑을 말한다. 이는 현재는 그런 조건이 충족되지 않더라도 만약 앞으로 그렇게 된다면 사랑하겠노라고 하는 조건부적이고 계산적인 사랑이다. 이런 사랑은 위험하기 짝이 없다. 그 조건이 충족되지 않으면 언제든지 변절할 수 있는 사랑이기 때문이다.

셋째, 어떠한 이유 때문에 사랑한다는 '그러므로'의 사랑이다.

'만약'의 사랑이 미래조건부적인 사랑이라면 '그러므로'의 사랑은 현재조건부적인 사랑이다. 이 사랑은 '당신이 잘 생겼기 때문에', '당신이 예쁘기 때문에', '당신의 배경이 좋기 때문에', '당신이 좋은 직장에 다니기 때문에', '당신이 돈을 잘 벌기 때문에', '당신이 인기인이고 유명인사이기 때문에'…'그러므로' 사랑한다는 것이다. 이런 사랑은 그 조건이 없어지면 언제든지 변할 수 있는 수준 낮고 위험한 사랑이다. 진정한 의미에서 이런 사랑은 사랑이 아니다.

넷째, '불구하고'의 사랑이다.

이 사랑은 어떤 사랑을 말하는 걸까? 이는 곧 하나님이 인간을 사랑하는 아가페 사랑이며, 부모가 그 자녀에게 아무 조건 없이 사랑하고 베푸는 그런 사랑을 의미한다.

사랑하는 사람이 병이 들었음에도 불구하고, 실직했음에도 불구하고, 사업이 부도가 났음에도 불구하고, 자식이 사고를 쳤음에도 불구하고, 나에게 손해를 끼쳤음에도 불구하고, 실수했음에도 불구하고 아무런 조건 없이 사랑해주고 무조건 용서해주고 베풀고 감싸안는 절대적인 사랑을 의미한다.

사랑은 무례히 행하지 아니하고 사랑은 성내지 아니한다. 사랑은 받을 때보다 베풀고 줄 때 더 행복하다. 내 자신이 사랑으로 섬길 수 있을 때 더 행복해진다. 자녀에게 사랑을 마음껏 쏟아 부을 때 행복하지 않던가?

값어치 없는 싸구려 사랑이 아닌 진정한 사랑. 베풀면서 행복해지는 사랑. ‘불구하고’의 사랑을 베푸는 사람이 많아질 때 우리 가정과 지역과 사회와 국가가 밝아질 것이다.

‘불구하고’의 사랑은 최고의 사랑이다. 시대가 너무 각박하고 타락하여 보험금 때문에 자식이 부모를 죽이고, 남편이 아내를 죽이고, 아내가 남편을 죽이는 사건이 일어나고 있다. 이런 때에 우리는 어떤 사랑을 하고 있는지, 나에게 근원적이고 진정한 사랑인 ‘불구하고’의 사랑이 있는지 점검해 보자.

사랑이 쉬운 것은 아니지만 노력하면 할 수 있다. 값지고 고귀한 사랑인 '불구하고' 의 사랑을 소유하여 참 행복을 누리길 바란다.

행복한 사람이 되기를 원하는가? 어린 아이처럼 자신의 욕구 충족을 위하여 떼를 쓰고 고집 부리는 미숙아 같은 사람이 되지 말자. '불구하고' 의 사랑을 할 때 먼저 나 자신이 행복해진다.

내게 잘못했고, 나를 어렵게 만들었음에도 불구하고 덮어주고 사랑할 수 있는 '불구하고' 의 사랑을 가졌다면 당신은 진정한 행복을 누릴 수 있을 것이다.

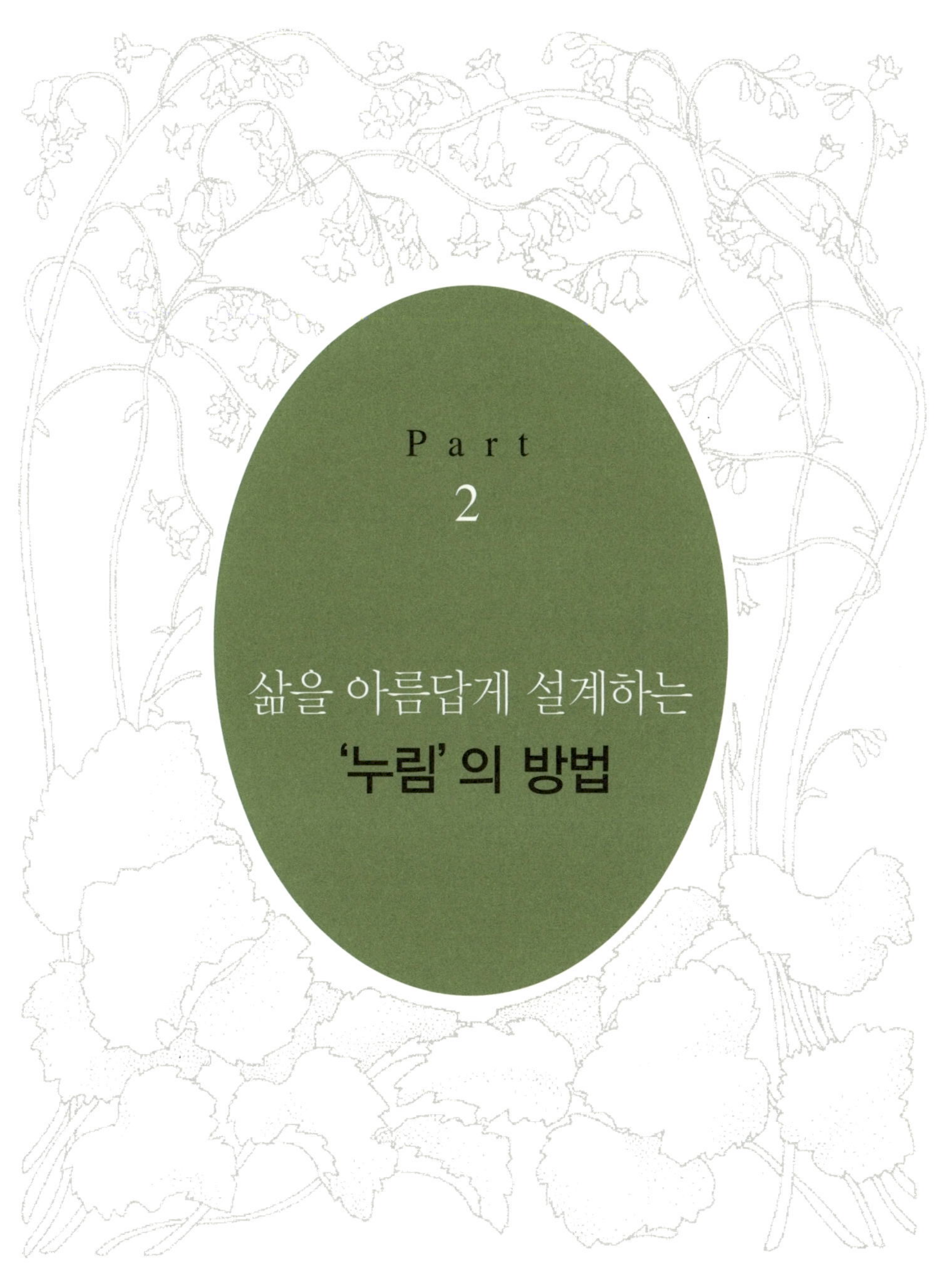

Part
2
삶을 아름답게 설계하는
'누림'의 방법

인생, 먼저 맛을 보라

우리나라 굴지의 한 회사에는 '열심히 일하는 사람은 일을 즐기는 사람을 이길 수 없습니다' 라는 글귀가 붙어 있다고 한다.

그렇다. 노력도 중요하고, 열심히 일하고 공부하는 것도 중요하다. 그러나 아무리 열심히 한다고 해도 즐기는 사람을 따라갈 수는 없는 것이다. 하기 싫은 일을 억지로 참고 노력하는 사람도 언젠가 한계에 부딪히게 되고, 결국 그 일을 즐기는 사람을 따라갈 수 없게 된다.

일은 즐거워야 한다. 공부도 즐거워야 한다. 인생도 즐거워야 한다. 즐겁게 할 수 있으려면 즐거움의 맛을 먼저 보아야 한다.

나는 1989년부터 인천에서 살았다. 당시 인천에는 아는 사람도 없었고 한 번 와본 적도 없었다. 그래서 신학대학원을 졸업할 때까지 2년 정도만 살다가 서울로 이사 가겠다는 생각을 했고, 그만큼 정도 들지 않았다.

그러던 어느 날 아는 분을 따라 바다낚시를 가게 되었는데 고기가 잘 잡혀 손바닥 만한 물고기가 계속 걸려 올라왔다. 그날 이후 인천도 살 만한 도시라는 생각이 들게 되었다.

낚시의 즐거움이 정착하는 데 큰 역할을 한 셈이다.

어느 날 나와 가깝게 지내는 스노보드 회사의 간부에게서 스노보드를 선물받아 배우게 되었다. 안전하게 넘어지는 법과 기초를 배운 후 타기 시작했는데, 타고 내려올 때의 짜릿한 느낌이 스릴 넘치고 너무 좋았다.

나는 원래 겨울을 좋아하지 않는 편이어서 추운 겨울이 빨리 지나가 버리기를 바라곤 했었는데, 스노보드를 배우고 난 뒤부터는 겨울이 좋아져버렸다. 심지어 겨울이 빨리 지나갈까봐 걱정하게 될 정도였다.

바로 '스노보드의 즐거움을 맛본' 것이다.

어린 시절에 나는 책읽기를 좋아하지 않았다. 그런데 몇 년 전부터 책을 읽어야겠다는 생각이 강하게 들었고 그때부터 시간 나는 대로 책을 읽기 시작했다. 그러다보니 요즘은 독서가 생활화되어 책 읽는 재미에 푹 빠지게 되었다.

지금은 손에 항상 책이 들려있고, 외출할 때도 책을 가지고 다니면서 빈 시간을 활용하여 독서를 한다. 선교 사역 때문에 외국에 다닐 때마다 책을 갖고 다니며, 이동 중에서 독서를 즐긴다. 책을 통해 유명한 철학자와 대화하기도 하고, 인기인이나 예술가, 성공한 기업가 등과 만날 수 있어 너무 좋다. 이 역시 '즐거움의 맛을 본' 것이다.

나는 목사로서 상담가로서 또 세미나 강사로서 여러 곳에서 강연을 했다. 그곳에서 방황하던 사람들이 변화하고 회복하는 경우를 많이 보았다. 어떤 부부는 이혼을 하려다가 세미나를 듣고 이혼서류를 찢어버린 후 가정이 완전히 회복되었는가 하면, 폭력을 일삼으며 방황하던 문제 청소년이 모범생으로 변하기도 했다. 또 어떤 분은 술과 도박으로 방탕하게 살아왔는데 성실한 사람으로 변화해 새 인생을 살아가고 있다.

그런 모습들을 보면서 그 어떤 것보다도 사람의 변화가 제일 귀중한 것임을 알게 되었다.

사람이 옳게 변화되는 '즐거움의 맛을 본' 것이다.

좋은 취미생활로 인생을 활기차게 살아가자. 어떤 일이나 취미생활에 즐거움을 느끼는 것이 매우 중요하다. 물론 마약이나 노름, 경마 등 불건전한 취미에 맛을 들여 인생이 망가지는 경우도 있다. 하지만 좋은 취미생활과 건강한 여가생활로 인생을 즐기고 축복받을 일을 하는 것이 중요하다. 공부도 일도 삶도 모두 '즐기고 누리길' 바란다.

일을 즐기면서 하는 사람과 억지로 하는 사람은 전혀 다른 결과를 얻게 된다. 취미생활이지만 그 취미가 주업이 될 만큼 전문성을 가질 수도 있다.

어느 노인이 리어카에 짐을 싣고 오르막을 힘겹게 오르고 있었다. 한 고등학생이 뒤에서 리어카를 밀어주었고 할아버지는 고맙다는 인사를 했다. 학생이 할아버지에게 물었다.

"할아버지! 리어카를 왜 *끄세요*?"

할아버지 대답은 이랬다.

"밥 먹고 살려고!"

학생이 다시 질문했다.

"밥은 왜 드세요?"

할아버지는 이렇게 대답했다.

"밥 먹고 힘내서 리어카를 끌려고!"

할아버지가 리어카를 끄는 것에는 '일' 이상의 다른 의미는 없었던 것이다.

행복은 그냥 오는 것이 아니다. 내가 만드는 것이다. 행복한 생각을 하고 행복한 행동을 하고 행복한 습관을 기르고 행복한 일을 즐기고 누리자.

나는 10여 년이 넘도록 국경지역에서 고통당하는 사람들을 돌보고 있다. 또한 북한을 방문하고 탈북자를 돕고 있다. 몸은 힘들어도 감사와 행복을 느낀다. 또한 위급한 환자들을 만나 돕고 섬길 때 그들이 힘을 얻는 것을 보며 기쁨을 느낀다.

자신에게 주어진 일과 업을 성실히 하고, 또 여가 시간엔 취미 생활을 하며 인생의 맛을 누리자. 사람들과 부대끼며 사랑으로 아껴주고 섬기면서 사랑공동체, 행복공동체를 이끌어 가보자.

진정 행복한 사람은 언제 어디서나 행복의 요리를 만들고 행복한 맛을 낸다. 남이 행복을 가져다주기를 기다리지 말고 자신 스스로 만들어 가면 그때 비로소 행복해지는 것이다.

Chapter 2

'차이' 와 '다름' 의 조화, 그 아름다움

우리나라의 이혼율은 현재 세계에서 두 번째로 높다고 한다. 가정이 무너지고 있다. 부부가 이혼하면 그것은 단지 부부만의 문제로 끝나지 않는다. 자녀에게 큰 상처가 된다. 자녀문제는 또한 사회문제로 발전하기도 한다.

이혼하는 사람들에게 이유를 물어보면 주로 성격차이를 말한다. 물론 부부가 성격이 서로 잘 맞으면 얼마나 좋겠는가? 그러나 똑같은 성격의 두 사람이 만나서 가정을 이루고 산다면 과연 그 가정은 반드시 행복할까?

하나님은 최초의 인간인 아담과 하와를 서로 돕는 배필로 창조했다. 남자와 여자는 근본적으로 다르기 때문에 남편의 약점과 단점은 아내가 보완하고, 아내의 약점과 단점 역시 남편이 감싸 주어야 한다는 것이다. 그러지 않고 아내가 종처럼 남편을 섬겨 주기만을 바란다거나, 반대로 남편이 부인을 공주처럼 받들어달 라고 요구한다면, 하나님의 원리를 위배하게 된다.

부부의 성격이 다를 때는 서로 보완해야 한다. 부부 중 한 사람 의 성격이 급하면 다른 한 사람은 느긋해야 한다. 두 사람이 다 같이 불같은 성격이라면 더욱 문제가 많아진다.

주변을 잘 살펴보라. 남편은 여성처럼 얌전한 인품과 성격의 소유자인데 부인의 성격은 활발하고 괄괄한 남자 같은 성격인 경 우처럼, 서로 다른 성격의 두 사람이 부부로 만나 가정을 이루고 조화롭게 잘 살아가고 있다.

부부의 성격이 서로 다르고 성격도 취미도 다를 때, 서로의 부 족한 점을 보완하고 조화를 이루면 잘살 수 있다. 나와 다름을 불 평하지 않고 다름을 인정할 때 조화를 이루면서 아름답게 살 수 있다. 이것을 신의 섭리라고 생각해도 좋을 것이다.

나와 내 아내도 여러 면에서 차이가 있다. 아니 서로 맞는 부분이 거의 없는 것 같다. 예를 들면 나는 치약을 짤 때 끝에서부터 짜는 사람인데 아내는 중간을 꾹 눌러서 짜는 사람이다. 나는 다시 나갈 때 신기 편하도록 신발을 정돈하여 벗어두는데 아내는 신발 한 쪽은 이쪽에, 다른 한 쪽은 저쪽에 벗어두는 사람이다. 나는 내향적인 성격이고 아내는 외향적인 성격이다. 여러 번 다투기도 했지만 고쳐지지 않았다.

그래서 요즘은 서로 다름을 인정하고 가능하면 상대가 편하도록 맞춰가려 노력한다. 그렇게 마음먹으니 너무나 편해졌다. 이제는 서로 다투지 않는다. 상대를 인정하고 배려하며 사는 것을 실천하고 있기 때문이다.

나와 다름은 잘못이 아니다. 그것은 서로 다른 개성으로 인한 차이일 뿐이다. 오히려 너무 똑같으면 더 큰 문제가 생길 수도 있다. 다름과 차이를 서로가 인정하고 조화를 이룰 때 인생이 아름다워진다.

음악도 서로 다른 일곱 개의 음자리가 조화를 이루어 아름다운 음율과 하모니가 나오는 것이다. 모두 '도'라는 음만 있다면 어떻게 음악을 만들 수 있을까? 무지개는 일곱 빛깔의 서로 다른 조화를 이루기 때문에 아름답다. 만약 무지개가 전부 빨간색이면 무지개가 될 수 없을 뿐더러 아름답지도 않을 것이다. 음이 있으면 양이 있고, 남자가 있으면 여자가 있어야 조화가 이루어진다.

나와 다름 때문에 갈등하지 말고 어떻게 조화를 이룰 것인가를 연구하라. 그리고 상대의 약점을 보완해주고 돕고 섬겨라. 진정한 사랑은 역시 섬기고 베풀 때 더 크게 오는 것이다. 받을 때도 기쁘고 행복하지만, 베풀고 줄 때 더 행복해지는 것이 사랑의 원리다. 섬기는 사람, 양보하는 사람, 먼저 다가가서 베푸는 사람이야말로 성숙한 사람이다.

진정 행복한 사람은 나와 같지 않음을 불평하며 다투지 않는다. 서로 다름을 인정하고 개성을 존중하며 그 차이들이 조화를 이룰 때 멋이 완성되는 것이다. 또한 다른 사람과 같아지기 위해 모방하는 것보다는 자신만의 특징과 달란트를 자신 있게 가꿔나가는 것이 좋다.

Chapter 3

눈과 입과 귀의 비밀

우선 눈의 비밀을 알아보자.

우리 몸은 어느 것 하나 중요하지 않은 것이 없지만 그중에서도 눈이 특히 중요하다. 우리가 눈으로 볼 수 있는 것은 큰 축복이다. 시각장애인과 같이 동행해 보았는가? 그들이 얼마나 힘겹게 살아가고 있는지 모른다.

헬렌 켈러는 두 살 때 질병으로 시력과 청력을 잃어, 보지도 듣지도 말하지도 못하는 사람이 되었다. 그러나 그녀는 설리번 선생님과의 만남을 통해 공부를 하게 되었고, 결국 미국의 교육가이자 사회사업가로서 성공한 역사적인 인물이 되었다.

그녀는 《3일 동안만 볼 수 있다면》이란 자신의 책에 다음과 같이 기록하고 있다.

"첫째 날엔 나를 가르쳐 준 설리번 선생님을 찾아가 그분의 얼굴을 바라보고, 산으로 가서 아름다운 꽃과 풀과 빛나는 노을을 보고 싶습니다. 둘째 날엔 새벽에 일찍 일어나 먼동이 떠오르는 모습을 보고, 저녁에는 영롱하게 빛나는 하늘의 별을 보고 싶습니다. 셋째 날엔 아침 일찍 큰길로 나가 부지런히 출근하는 사람들의 활기찬 표정을 보고, 점심 때는 아름다운 영화를 보고, 저녁에는 화려한 네온사인과 쇼윈도의 상품들을 구경하고, 집에 돌아와 사흘간 눈을 뜨게 해주신 하나님께 감사의 기도를 드리고 싶습니다."

우리는 매일처럼 보고 다니면서도 볼 수 있음에 감사하지 않고 있다. 헬렌 켈러의 기도를 기억하며, 볼 수 있는 것에 감사하면서 살아야 할 것이다.

다음으로 입의 중요성이다.

입은 하나다. 눈은 둘이고 귀도 둘인데 입이 하나인 것은 '듣고 보기는 잘하되 말은 신중하게 하라' 는 뜻일 것이다. 말은 대단히 중요하다. 한 번 입 밖으로 내뱉은 말은 주워담을 수가 없다. '말 한마디가 천 냥 빚을 갚는다' 는 옛말도 있다. 말은 생명을 살리기도 하고 죽이기도 하는 능력을 갖고 있다.

말은 반드시 그 주인을 찾아간다. 어떤 사람을 비난하고 흉을 보면 그 말이 반드시 그 주인에게 전달된다. 그대로 전달되는 것이 아니라 엉뚱한 이야기가 덧붙여져서 전달된다. '낮 말은 새가 듣고 밤 말은 쥐가 듣는다' 는 속담이 있듯이 말조심은 아무리 강조해도 지나치지 않다. 말이 많으면 실수가 많아진다. 그래서 '웅변은 은이고 침묵은 금' 이라고 하지 않았는가.

나의 언어, 즉 내가 하는 말로써 상대방의 힘을 북돋고 그를 살릴 수 있다면, 그 말은 축복의 언어가 되고 나는 축복의 사람이 된다. 반대로 나의 말이 남을 흉보고 힘 빠지게 하고 다치게 하고 분쟁을 일으키고 이간질시키는 언어라면, 그 말은 저주의 말이요, 죽이는 말이다. 말에는 그 사람의 인격과 사상과 철학과 인생관이 묻어 나오는 것이다. 그러므로 말은 신중하게 해야 한다.

축복의 언어를 사용하자. 희망의 언어를 사용하자. 살리는 언어를 사용하자.

일본의 작가 에모토 마사루가 쓴 《물은 답을 알고 있다》는 책에 보면 물 한 잔을 마실 때에도 감사하면서 마시면 그 물이 몸에 좋은 육각수가 된다고 한다. 물을 가지고 실험을 하여 과학적으로 증명한 사진이 그 책에 실려 있다. 두 잔의 물 컵을 두고 한 쪽에는 감사하고 난 뒤에 사진을 찍었고, 다른 한 쪽 물 컵을 향해서는 신경질을 내고 사진을 찍었더니 물의 형태가 너무나 다르게 나왔다는 것이다.

필자가 아는 어떤 분도 실제로 실험을 한 적이 있다. 토마토와 사과를 두 바구니에 넣어두고 한 쪽을 향해서는 축복을 하고 다른 한 쪽을 향해서는 계속 저주를 했는데, 저주한 바구니의 과일은 얼마 지나지 않아 썩어 버렸다고 한다. 또 다른 분은 나무 두 그루를 심어놓고 한 나무에는 계속 축복을 하고 다른 한 나무에는 계속 저주를 했는데, 저주받은 나무는 얼마 지나지 않아 말라 죽어버리더라고 했다.

그렇다. 우리의 혀에는 어마어마한 권세가 있다. 그러므로 축복의 언어를 사용하자. 한국 사람들이 즐겨 쓰는 언어 중에 '죽겠다'는 말이 있다. 배고파서 죽겠다, 배불러서 죽겠다, 더워서 죽겠다, 추워서 죽겠다, 심심해서 죽겠다, 바빠서 죽겠다, 좋아서 죽겠다, 싫어서 죽겠다 등등. 우리는 이렇게 '죽겠다'는 말이 습관처럼 내뱉고 있다.

기왕이면 살겠다고 말하라. 굳이 죽겠다고 말하지 않아도 때가 되면 사람은 다 죽게 되어 있다. 자꾸만 살겠다고 말하라. 거기에다 덧붙여서 '잘' 살겠다고 하면 더 좋다. 예를 들어 '좋아서 잘 살겠다'고 말하면 된다. '싫어서 잘 살겠다'고 하면 된다.

축구경기에서 수가 지나치게 과도한 액션을 할 때 할리우드 액션이라고 하여 경고를 주거나 퇴장을 시키는 벌칙을 준다. 그러나 좋은 말과 언어, 칭찬과 격려와 용기를 주는 말에는 일부러라도 할리우드 액션을 취할 필요가 있다.

특히 우리는 칭찬에 인색하다. 이제부터 칭찬을 많이 하면서 살자. 당신 오늘 너무 멋지십니다, 넥타이가 보기 좋습니다, 나이보다 훨씬 젊게 보이십니다, 헤어스타일이 멋있습니다 등등. 얼마나 듣기 좋은가? 칭찬과 축복을 전할 땐 아무리 큰 할리우드 액션을 취하더라도 괜찮다.

마지막으로 귀에 관해 생각해보자.

귀가 두 개인 것은 잘 들으라는 것이다. 물론 눈도 두 개이긴 하다. 그런데 눈은 보기 싫으면 감아버리면 된다. 입도 말하기 싫으면 다물어버리면 된다. 그런데 귀는 감거나 다물 수가 없다. 귀는 듣기 싫어도 어차피 들리게 되어 있다. 말을 들을 때는 죽이고 저주하는 말과, 살리고 축복하는 말을 잘 구분하여 들어야 한다. 나쁜 말과 저주의 말, 이간질하는 말을 들을 땐 '저 말은 나와 상관이 없고 나는 저 말의 유혹에 걸려들지 않을 것' 임을 생각하고, 축복의 언어와 덕이 되는 말은 마음에 새기면서 받아들이자. 마치 스펀지가 물을 머금듯 받아들이자.

그러나 몸에 좋은 약은 입에 쓴 법이다. 쓴소리가 기분이 나쁠지라도 진심으로 충언해주는 말이라면 달게 듣자. 진심으로 상대를 위하여 해주는 말에 혈기를 내면서 못 받아들인다면 다음부터는 그 누구도 나에게 진심 어린 말을 해주지 않을 것이다.

간사한 자의 아첨하는 소리만 듣기 좋아한다면 그 사람 주변에는 간사한 사람들만 모이게 되고, 결국 많은 문제를 일으킬 것이다. 진실한 사람의 진실된 이야기를 들을 수 있는 귀가 있어야 실패하지 않는다.

진정 행복한 사람이 되기를 원하면 눈으로 정확하게 볼 수 있어야 한다. 어느 것이 진짜이며 가짜인지, 어느 것이 좋고 나쁜지를 분별할 수 있는 눈이 있어야 한다. 도수가 맞지 않는 안경을 쓰면 어지럽기만 하고 사물을 정확하게 볼 수 없다. 이렇듯 마음의 눈, 즉 영안(靈眼)이 밝으면 인생이 밝아진다.

행복하기를 원한다면 특히 입을 잘 써야 한다. 성경 잠언을 보면 '네 입의 말로 네가 얽혔으며 네 입의 말로 인하여 잡히게 되었느니라', '경우에 합당한 말은 아로새긴 은쟁반에 금사과니라'고 했다. 야고보서에도 '만일 말에 실수가 없는 자면 곧 온전한 사람이라'고 했다. 분쟁은 모든 말에서 시작된다. 말조심을 해야 한다.

또한 잘 들어야 한다. 간사한 말과 아부의 말을 좋아하지 말고 가능하면 쓴소리를 잘 들어야 한다. 말하기 이전에 생각의 설계를 잘 하고 정제된 언어를 사용하자.

Chapter 4

생각하라, 아름다워진다

영국의 사상가 C. A. 홀은 "우리는 사상을 씨 뿌려 행동을 거두고, 행동을 씨 뿌려 성격을 거두고, 성격을 씨 뿌려 운명을 거둔다"고 했다. 사람은 생각하는 것에 따라 행동하고, 그러한 행동이 반복되면 습관이 되며, 습관이 반복되면 운명이 결정된다는 것이다.

생각이 중요하다. 무슨 생각을 하느냐에 따라 행동이 달라진다. 그래서 더욱 생각의 설계가 필요한 것이다. 좋은 생각을 하면 좋은 행동과 좋은 삶이 되지만 반대로 나쁜 생각을 하면 나쁜 행동과 결과가 올 수밖에 없다.

아프리카의 어느 지역이 오랜 가뭄으로 굶주리고 있었는데 원조 받은 식량 중 일부를 밭에 심은 사람이 있었다. 식량을 모두 먹어버린 사람은 결국 굶어 죽었지만 밭에 곡식을 심은 사람은 살아남았다. 사실 가뭄 때문에 심은 씨앗은 조금 자라다가 곧 말라버려 열매를 맺지는 못했다. 하지만 곡식을 심은 사람은 혹시 수확할지도 모른다는 희망이 있었기 때문에 죽지 않고 살아남을 수 있었다. 이와 같이 좋은 생각, 희망찬 생각은 시련을 이기는 힘을 갖고 있다.

우리나라 주변국인 중국이 거대하게 성장하고 있다. 또 한 쪽에는 경제 대국인 일본이 있다. 이 때문에 샌드위치 위기론을 말하기도 하지만 나는 상황을 그렇게 절망적으로만 보고 있지 않다. 오히려 기회라고 생각한다.

눈을 크게 뜨고 보면 어마어마한 세계의 시장이 우리 눈앞에 펼쳐져 있다. 준비를 잘해서 전문성을 갖고 도전한다면 그 모두가 우리의 시장이 되고, 절호의 기회가 된다.

《미래를 사라》와 《경영자의 마음》이란 책을 보면, 일본 재계의 최고 경영자인 마츠시다 고노스케의 얘기가 나온다. '경영의 신'

이라고 불리는 마츠시다 고노스케는 아홉 살 때 부모의 사업이 부도 나자 초등학교 4학년을 중퇴하고 자전거 점포에서 일을 시작했다. 여기에서 열심히 일을 해 약간의 돈도 저축할 수 있었다. 그가 17세가 되었을 때 공부를 다시 시작할지 사업을 할 것인지를 가족들과 의논했다. 공부를 하라는 어머니의 권유도 있었지만 아버지 말씀대로 사업전선에 뛰어들었고 결국 마츠시다라는 전기 관련 기업을 세우게 되었다. 그리하여 그는 570개의 계열사와 13만 명의 직원을 거느린 대그룹의 총수가 되었다.

어느 날 직원들과의 대화 시간에 어느 직원이 질문을 하였다.

"어떻게 회장님은 아무것도 없이 시작하여 이렇게 큰 그룹의 총수가 될 수 있었습니까?"

고노스케 회장은 이렇게 답변했다.

"내가 태어나면서부터 하늘의 세 가지 은혜를 입었기 때문에 가능했다네. 첫째는 너무 가난하게 태어난 것이며, 둘째는 허약한 몸을 가진 것이며, 셋째는 공부를 하지 못한 것이라네.

직원이 의아해하며 다시 물었다.

"그것은 저주 같은데 어떻게 은혜라고 하십니까?"

그러자 회장은 다시 대답했다.

"나는 너무 가난했기에 어릴 때부터 근면, 성실, 근검절약하지 않으면 안 된다는 것을 일찍 깨닫고 열심히 저축을 했네. 또한 몸이 너무 허약했기에 어릴 때부터 건강의 소중함을 알고 건강관리를 잘해서 90세가 넘어서도 30대의 건강을 유지하고 있다네. 그리고 배우지 못해 무식했기 때문에, 내가 만나는 모든 사람들을 나보다 훌륭한 사람으로 알고 그 사람에게서 무엇인가 좋은 점을 배우고자 노력했다네. 그것이 바로 오늘날 나를 이 자리에 있게 한 힘이지."

심지어 그는 부하 직원에게 야단을 치고서도 속으로는 그 사람이 자신보다 훨씬 더 훌륭하다고 생각하고 무엇인가 좋은 점을 배우고자 했다. 참으로 멋진 생각을 가진 사람이다. 얼마든지 절망하고 낙심할 수도 있었던 상황이었으나 긍정적이고 발전적인 생각을 잘 했기에 그런 훌륭한 업적을 남길 수 있었던 것이다.

이와 비슷한 또 다른 사례가 있다. 2006년에 아들과 함께 우리나라를 방문했던 영국의 조각가 앨리슨 레퍼다. 그녀는 두 팔이 없고 두 다리가 짧고 비뚤어진 중증 장애인으로 태어났다. 병원에서는 그녀의 부모에게 이런 아기는 얼마 못 가 죽을 것이니 장애아 전문양육원에 맡기라고 권했다. 그래서 레퍼의 어머니는 양육권을 포기하고 그녀를 입양기관에 맡겼다고 한다.

그러나 아이가 죽지 않고 잘 커 다시 집으로 데려왔다. 그러나 그녀의 어머니는 방에만 가두어 두고 밖으로는 나오지 못하게 했다. 감옥 같은 집이 싫어진 레퍼는 자신을 고아원으로 다시 보내달라고 했고 장애자들의 고아원에서 살게 되었다.

그녀는 붓을 입에 물거나 발가락 사이에 끼우고 그림을 그렸으며, 사진공부도 하여 화가 겸 사진작가가 되었다. 그리고 한 남자를 만나 결혼도 했지만 남편의 폭력과 술주정 때문에 임신한 상태에서 이혼을 했고, 주위의 반대를 무릅쓰고 건강하고 예쁜 아기를 낳았다.

그녀는 특수 제작된 자동차를 직접 운전하고, 왕성한 활동을 하면서 런던의 미술대학에서 화가로서의 전문 과정을 공부하게 되었다. 그때 한 교수가 유독 그녀에게 상처가 되는 말을 많이 했다고 한다. "저 장애자 때문에 클래스 전체의 분위기가 흐려진다"는 등의 말을 들을 때마다 그녀는 포기할까 생각도 했지만, 오히려 마음을 다잡고 더 열심히 공부했다.

학교에서 작품전시회를 할 때였다. 임신 중에 찍은 자신의 나

체 사진과 그림을 본 그 교수가 "젖가슴은 예쁘군!"이라고 하고
는 가버렸다고 한다. 교수의 말이 너무나 상처가 되어 며칠간 잠
도 못 자고 성폭력으로 고소하려고까지 했다. 그런데 어느 순간
에 생각이 바뀌었다. '저 교수가 내 신체 중에서 가슴이 예쁘다고
칭찬해준 것이 아닌가? 그렇다면 고마워할 일이 아닌가?'

그때부터 레퍼는 항상 가슴을 드러내놓고 사진을 찍고 그림을
그려서 '살아있는 비너스'라는 별명을 얻었고 세계적으로 유명
한 인물이 될 수 있었다. 그녀는 자신은 장애인이 아니라 다만 다
른 사람과는 달리 입과 발로 모든 일을 하기 때문에 시간이 조금
더 걸릴 뿐이라고 생각한다고 했다. 그렇게 긍정적으로 생각할
수 있었기 때문에 위대한 인간승리의 주인공이 될 수 있었을 것
이다.

레퍼는 건강한 신체를 가지고도 자포자기하거나 낙심한 사람
들, 마음과 정신에 장애를 가진 사람들에게 자극을 주고 귀감이
되고 있다. 그녀의 불굴의 도전정신에 박수를 보낸다.

영국의 어느 조각공원에 그녀의 동상이 세워져 있는데, 유명한
역대 조각가들 중 현존하는 작가의 작품이 세워진 것은 그녀가
최초라고 한다.

또 다른 한 사람을 소개한다. 일본인 오토다케 히로타다이다. 그는 《오체불만족》이란 책의 저자로서, 팔다리가 없는 상태로 태어난 선천성 사지절단증이다. 그러나 자신의 처지를 비관하거나 낙심하지 않고 끊임없는 도전으로 감동을 주고 있다.

그는 중증장애자이면서도 스포츠를 즐기며 스포츠 기자로 활동했다. 또한 여러 초·중학교에서 비상근 교사로 활동해 왔으며 와세다대학교를 졸업한 후에는 교토의 초등학교 교원면허시험에 합격하여 교사가 되었다.

교원시험을 볼 때 그는 턱과 어깨 사이에 분필을 끼우고 칠판에 글을 쓰는가 하면, 휴대용 컴퓨터에 입력한 문자가 나타나는 프로젝터를 사용하여 당당히 정상인과 같은 자격증을 받았고, 결국 교사가 되었다.

내 책상 위에는 성경책과 더불어 헬렌 켈러의 《3일간만 볼 수 있다면》과 《앨리슨 레퍼 이야기》, 《오체불만족》 등 세 권의 책이 놓여 있다. 나는 이 책들을 자주 읽으며, 나태해지려는 마음을 추스르고 각오를 새롭게 하곤 한다.

불굴의 투지와 도전정신으로 인생을 완전히 역전시킨 그들을 보면서 새로운 각오와 도전, 열정으로 자신을 재무장하곤 한다. 이들은 모두 좋지 않은 상황 속에서도 밝고 건전한 생각을 하고 위대한 결과를 이뤄냈다.

항상 밝고 도전적인 생각과 희망을 갖길 바란다. 성공한 사람들은 항상 긍정적인 생각을 해온 경우가 많다. 현재 일이 잘 안 되고 있는가? 그렇다면 혹시 나의 생각이 잘못되지는 않았는지 점검해 보자.

구약성경 민수기 13장을 보면 가나안 정복을 앞둔 12명의 정탐꾼 가운데 여호수아와 갈렙은 긍정적인 믿음의 말과 생각을 하였다. 가나안은 우리를 위해 예비된 곳이라고 말했다. 그러나 나머지 열 명의 정탐꾼은 "그곳에 들어갈 수 없고 결국 죽게 될 것"이라고 했는데, 과연 그들은 자신이 말한 대로 되고 말았다.

말은 씨가 된다. 말은 생각에서 나온다. 그러므로 생각을 잘 해야 하며 밝게 해야 한다.

경남기업 성완종 회장의 《새벽빛》을 감명 깊게 읽고 가까운 분들에게 많이 선물하였다. 성 회장은 어릴 때 계모로부터 많이 맞으며 자랐고, 초등학교를 겨우 마치고 객지 생활을 하며 온갖 고난과 역경을 이겨냈다.

하지만 그는 자신을 그렇게도 괴롭혔던 계모에게 감사한다고 했다. 그렇게 매를 맞고 숱한 고난을 겪었기 때문에 오늘의 성공을 이룰 수 있었다고 했다.

이렇듯 성공한 모든 사람들은 자신의 처지와 형편을 비관하거나 좌절하지도 않고, 부모나 주변 환경을 탓하지도 않았다. 오히려 어려운 상황을 극복하고 도전하여 무에서 유를 창조해냈다.

나는 오늘도 생각을 밝게 하려고 한다. 행동이 먼저가 아니라 생각을 잘하는 것이 중요하다. 제임스 앨런의 《위대한 생각의 힘》이란 책에서도 '모든 것은 생각의 결과' 라고 했다. 생각을 밝게 하고 희망과 소망의 생각을 하자.

생각은 결국 말과 행동으로 나타난다. 틀린 생각을 하면 틀린 행동이 나온다. 생각을 밝고 아름답게 하면 밝은 인생이 될 것이다. 타락한 사람은 타락할 만한 생각을 하였기 때문에 타락이 현실이 된 것이다. 도둑질을 하는 자는 늘 도둑질할 생각에 사로잡혀 있었기 때문에 도둑이 되는 것이다.

행복해지기를 원한다면 무엇보다 생각이 무엇보다 중요하다. 항상 믿음의 생각, 긍정의 생각, 감사한 생각, 축복된 생각을 하자. 그러면 행복해진다.

Chapter 5

위기는 '위험한 기회' 다

미국의 종교학자 C. 앨리스가 말했다.

우리가 문제시하는 것의 40% 이상은 실제 발생하지 않은 것, 즉 문제가 아닌 것을 문제로 보고 염려하는 것이며, 30% 이상은 이미 지나간 일, 즉 과거에 벌써 지나가버린 일이라고 한다.

많은 사람들이 별다른 문제가 아닌 것을 심각한 문제로 생각하는 경우가 많다. 이제부터라도 문제와 위기에 닥쳤을 때 오히려 이를 기회로 삼을 수 있는 생각의 설계가 필요하다.

다음은 문제의 유형들이다.

첫째, 이미 지나간 과거형의 문제가 있다.

사람들은 이미 오래전에 지나가버린 상처와 문제를 마치 현재의 문제인 것처럼 고민하고 갈등한다. 이미 예전의 일로 과거형이 되어버렸고 잊어버려도 될 일을 잊지 못하고 상처로 남겨두고는 앞으로 나아가지도 못한 채 고민하고 갈등하는 일들이 많다.

하지만 오래전에 상처준 일이나 사건 때문에 현재에 발목이 잡혀 앞으로 나아가지도 못한다면 얼마나 큰 손해겠는가? 지나간 일은 참고만 하고 빨리 그 상처에서 벗어나길 바란다. 옛일은 아무리 후회해도 이미 소용없는 일이다. 왜 지금과 상관없는 과거의 일에 얽매여 괴로워하고 고통스러워하는가?

지난날 나에게 아픔과 상처를 주고 힘들게 했던 사람도, 많은 손해를 주었던 사람도 돌이켜보면 스스로를 다시 되돌아보게 해주었고 더 이상 실수하지 않게 해준 고마운 분이라고 생각하자. 그때 그 일 때문에 많이 깨닫게 되었고 더 성숙하게 되었다면, 오히려 나의 그릇을 키울 수 있는 계기가 되었다고 생각하자.

사람은 모두 실수를 하면서 성숙해가는 것이다. 어쨌거나 이미 지나가버린 옛일에서 빠져 나오지 못해 갈등하고 괴로워하고 있다면 스스로에게 속고 있는 것이다. 우리는 타인에게 속으면 억울해하고 분노하면서도, 스스로에게 속는 것에는 관대하다. 심지어 속는 줄도 모를 때가 많다. 자신이 문제로 여기는 사건을 놓고 이 문제가 과거의 일인지 현재의 일인지 판단해 보자. 만약 과거의 일이라면 과감하게 잊어버리자.

두 번째는 아직 오지도 않은 미래의 문제다.

많은 사람들이 아직 오지도 않은 미래의 일을 마치 현재의 시급한 문제인 양 생각하며, 온갖 호들갑과 방정을 떤다.

초등학생인 친구의 아들이 TV에서 힘겹게 군사훈련을 받는 군인들을 보고 아빠에게 미국으로 이민 가면 안 되느냐고 물었다. 이유인즉 이민을 가지 않으면 자신도 나중에 군대에 가서 힘들게 군사훈련을 받아야 하기 때문이라는 것이다. 이제 막 초등학교에 들어간 아이가 10년 후에나 생각할 군대문제를 앞당겨서 걱정하고 염려한 것이다.

미래를 내다보며 대비하는 것은 좋지만 닥치지도 않은 염려거리를 미리 고민할 필요는 없다고 생각한다.

세 번째는 문제가 아닌 것을 문제로 보는 것이다.

사람들은 문제가 아닌 것을 마치 큰 문제인 것처럼 야단법석을 떤다. 어떤 일이라도 자신에겐 아무런 문제가 아니라고 생각하면 그것은 더 이상 문제가 아니다. 어떻게 문제가 있는데 문제가 아니라고 할 수 있느냐고 질문할 수도 있을 것이다. 하지만 만약 문제가 있다면 거기에는 반드시 해답이 있다.

예를 들어 부부 사이에 문제가 생겼다면 부부 사이를 되돌아볼 시간이 되었다는 것을 의미한다. 자녀 문제가 생겼다면 부모와 자식 간의 관계가 그동안 어떠했는지 점검해보고 갱신할 시점으로 삼으면 될 것이다. 건강에 문제가 있다면 건강관리와 음식 습관, 운동 생활에 문제가 없었는지 점검하고 살펴보면 될 것이다.

그런데 나쁜 습관을 바꾸지 않고 계속 그대로 하면 진짜 큰 문제가 생기게 된다. 문제가 생기면 그 자체를 점검하고 갱신하라는 의미로 알고 새로운 기회로 삼아라.

우리는 문제가 아닌 것을 문제처럼 심각해하고 괴로워하는 일에 너무나 익숙해져 있다. 나는 목회를 하면서 사회활동과 선교 활동을 왕성하게 하고 있다. 크고 작은 일들이 여기저기에서 많이 발생한다. 그때마다 앞에 서 있는 내가 큰 문제라고 생각해 고민하고 괴로워하면 상황은 더욱 악화되어 버린다.

심각한 우울증이나 의처증 또는 의부증에 걸려서 고통당하는 사람들을 만나서 상담해보면, 문제가 아닌 것을 심각한 문제인 양 여기며 너무나 갈등하고 우울해 한다는 사실을 알게 된다.

나는 항상 문제가 아니라고 말한다. 그다지 심각한 문제로 아닌 것을 큰 문제로 보고 있지는 않은가? 문제가 아니라고 생각하고 더 좋은 기회로 삼자. 그러면 간단하게 해결될 것이다. 그렇게 생각해도 풀리지 않은 진짜 문제가 있는가? 그렇다면 거기에는 반드시 답이 있음을 유념하자.

마지막으로 위기가 있다.

위기란 매우 위험하고 급하게 해결하지 않으면 안 되는 것이다. 위기는 '위험한 기회'로 생각하면 된다. 기회는 자주 오는 것이 아니다. 위기란 작은 기회가 아닌 큰 기회라고 보면 된다. 위기가 왔다면 최소한 열 배 이상의 기회로 삼길 바란다.

나에게는 지금까지 살아오면서 크고 작은 위기들이 많았다. 그때마다 나는 항상 위기를 더 큰 기회로 삼았다. 그러한 고비를 잘

넘기고 변화의 기회로 삼으면 커다란 역전의 발판이 마련된다. 성공한 사람들은 한결같이 위기를 기회로 삼은 사람들이었다.

문제로 여겨지고 위기라고 느껴질 때 '아! 기회가 왔구나!' 라고 생각하고 어떻게 이 절호의 기회를 축복으로 뒤집어 놓을 것인가를 고민해보자. 그것은 행복한 고민이 될 것이다. 이렇게 해서 스스로를 더 좋게 업그레이드시킨다면 놀라운 발전과 성공이 따라올 것이다.

사람들은 까마득한 지난날의 상처에 발목이 잡혀 앞으로 나아가지 못하고 현재 일에 실패하는 경우가 많다.

과거는 이미 흘러갔다. 과거는 참고하되 그 과거에 발목이 잡히지 않도록 주의하자. 문제가 아닌 것을 문제시하는 모순에 빠지지 말자. 오히려 문제가 생기면 역전의 발판으로 삼고 기회를 잡아 성공하자.

Chapter 6

안다는 것의 진정한 의미

희랍어에는 안다는 것의 의미가 세 가지로 나뉘어진다.

인간이 인간을 안다고 할 때 쓰는 '마키르'로 아는 것과 지식적으로 배워서 아는 '메빈'으로 아는 것, 그리고 가슴으로, 영적으로, 믿음으로 아는 '야다'로 아는 것이 그것이다.

우선 '마키르'로 아는 것.

'마키르'로 아는 것이란 인간이 인간을 아는 것을 말한다. 인간이 인간을 아는 것이란 무슨 의미일까? 이것은 부부가 결혼해 수십 년을 같이 살다 보면 눈빛만 봐도 서로가 서로를 잘 아는 것과 같다. 그러나 사실은 잘 모르는 것이다. 상대방이 과연 어떤 생각을 하는지 정확히 알 수는 없다.

이렇듯 인간이 인간을 안다는 것은 극히 제한적으로 아는 것이며, 일부분만 아는 것을 의미한다. 아무리 한 집안에서 오래 살아 잘 알고 있는 것 같아도, 사실은 지극히 제한적인 일부분만 아는 경우가 많다. 옛말에 '열 길 물속은 알아도 한 길 사람의 마음은 알 수 없다'고 하지 않았는가? 사람은 사람을 모르도록 태어났다. 그러므로 인간이 인간을 안다는 것은 지극히 제한적으로 아는 것이고, 그것이 바로 '마키르'다.

둘째, '메빈'으로 아는 것.

'메빈'으로 안다는 것은 그동안 모르던 것을 지식으로 배우고 나서 알게 되는 것을 말한다. 을사조약이 언제 체결되었으며 르네상스운동이 언제 일어났으며 중국의 문화혁명이 언제 일어났는지, 그동안 모르던 것도 배우면 알게 된다. 이와 같이 배워서 아는 것을 말할 때 쓰는 단어가 '메빈'이다.

셋째, '야다'로 아는 것.

‘야다’로 안다는 것은 가슴으로 아는 것을 의미한다. 영(靈)으로 아는 것, 믿음으로 아는 것을 의미한다. 이것은 신비한 영적인 세계를 의미하는 것이다.

바람은 보이지 않지만 나뭇가지가 흔들리는 것을 통해 바람이 불고 있음을 알 수 있다. 공기는 보이지 않지만 우리는 주변에 공기가 있음을 알고 있다. 전파는 보이지 않지만 전파가 공중에 떠 있음을 TV 화면을 통해서 알고 있다. 정신도 보이지 않지만 정신이 있음을 알고 있고, 우리 몸 안에는 보이지 않지만 영혼 또한 존재한다. 지금이라도 영혼이 육체에서 빠져나가면 우리의 육체는 시체가 되고 만다. 아무리 부부 사이라도 영혼이 빠져나가버린 시체와는 살 수 없다.

이와 같이 우리에게는 영혼이 있고 그 영적인 세계를 알 수 있다. 그것을 믿음이라고 한다. 믿음으로 아는 것, 영적으로 아는 것, 가슴으로 아는 것, 이것을 ‘야다’라고 한다.

보이는 것만이 전부가 아니다. 보이지 않는 영의 세계가 있으며 정신의 세계도 있다. 영적인 세계를 알면 믿음이 강한 사람이 된다. 빛이 있으면 어둠이 있는 것처럼, 하나님이 계신가 하면 우리를 괴롭히는 귀신도 존재한다. ‘야다’로 안다는 것은 서로가 서로를 잘 아는 것을 의미한다.

나는 대통령을 알지만 대통령은 나를 모른다. 이것은 짝사랑 같은 섯이다. 나는 어떤 사람을 아는데 그 사람은 나를 모른다. 이것은 ‘야다’가 아니다. 우리 모두가 사랑하는 사람이나 가족과 서로 깊이 알고 진실한 사랑으로 하나가 되었으면 좋겠다.

성경 창세기 4장 1절에 보면 ‘아담이 그 아내 하와와 동침하여 자녀를 낳았다’는 기록이 있는데, 동침이란 단어가 ‘야다’이다. 부부가 하나가 되는 것을 ‘야다’로 표현한 것이다.

호세아서 6장 3절에 보면 ‘우리가 하나님을 알 때 야다로 알자’고 했다. 즉 부부가 한 몸을 이루듯이 하나님을 알자는 의미다. 시편 1편 6절에는 ‘의인의 길은 하나님이 인정하신다’는 말씀이 있는데, 그 ‘인정’이란 단어가 ‘야다’이다. 가슴으로 아는 것, 믿음으로 아는 것, 영적으로 아는 것이 ‘야다’라는 것이다.

행복하고 싶다면 사람을 ‘야다’로 알고 사랑하며 섬겨야 한다. 행복의 씨앗을 심어서 행복의 꽃을 피우기 원하면 나의 가정과 직장에서 ‘야다’의 믿음과 섬김의 삶을 살아야 할 것이다.

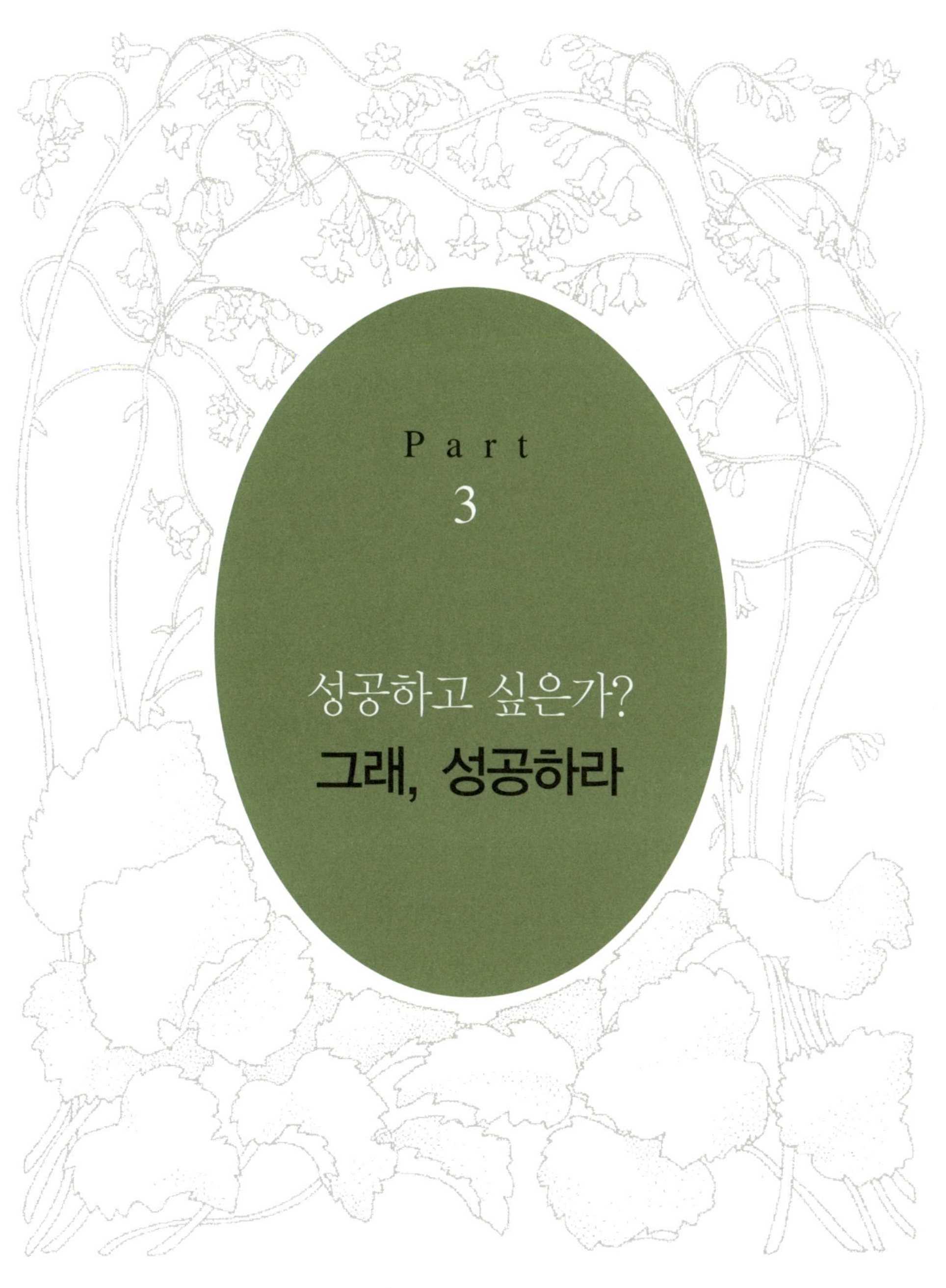

Part
3

성공하고 싶은가?
그래, 성공하라

벤허가 마차경주에서 승리한 이유는?

돈 안 드는 아주 기가 막힌 장사 - 칭찬과 격려

'마음먹기'의 기술

나의 성공 프로그램

나는 타고난 전문가다

Chapter 1

벤허가 마차경주에서 승리한 이유는?

명화 중의 명화 〈벤허〉를 잘 알고 있을 것이다. 삼성의 인사부장으로 18년간 재직했던 신원동 씨가 쓴 《삼성의 인재 경영》이란 책에 보면 이건희 회장이 임원들에게 〈벤허〉를 보라고 했다고 한다. 벤허의 성공 법칙이 삼성의 경영정신과 관계가 있는 것이 아닐까.

영화에서 벤허와 메살라는 마차 경주를 한다. 경기 전날 벤허는 자신의 말들을 찾아가 한 마리 한 마리 쓰다듬으며 격려를 한다. 내일 최선을 다해보자는 의미다. 말들도 알아들었다는 듯이 고개를 끄덕인다.

드디어 경주가 시작되고 메살라는 무서운 채찍을 들고 쉴 새 없이 말들을 채찍질하면서 무섭게 몰아간다. 그러나 벤허는 그저 말의 끈을 잡고 계속 격려를 한다. 숨막히는 대결 속에 말들이 잘 해주어 결국 벤허는 경주에서 이기게 된다.

벤허의 성공 정신을 본받아야 한다. 채찍보다는 격려와 칭찬, 사랑으로, 잘할 수 있다는 용기로 힘을 내게 하는 경영전략이 필요하다. 리더와 팀장 그리고 경영자에게는 직원들과 하나가 되어 반드시 성공을 이루어 낼 수 있도록 만드는 리더십이 필요하다.

사랑과 격려, 믿음과 신뢰와 칭찬, 할 수 있다는 강한 의지력과 자신감을 바탕으로 CEO가 앞장서서 솔선수범할 때 팀원이 모두 하나가 되고, 그렇게 에너지와 열정이 모아지면 엄청난 힘이 솟아날 것이다. 부드러우면서도 강인한 정신력을 가진 믿음직한 리더가 팀을 이끌 때 그 팀은 최고의 성취력을 발휘할 수 있을 것이다.

싱가포르는 서울 정도의 크기인 약 60여 개의 섬으로 구성된 조그마한 도시국가로서, 말레이시아와 인도네시아 등 큰 나라에 둘러싸여 있다. 리콴유 전 총리는 32년간 집권하면서 싱가포르를 초일류국가로 건설하였다.

미국의 헨리 키신저 전 국무장관은 "리콴유는 시대가 인물을 만드느냐, 아니면 인물이 시대를 만드느냐는 오래된 논쟁에서 후자가 옳다는 사실을 증명했다"고 말했다. 비록 장기 집권을 했지만 청렴했고, 국가경제를 부강하고 튼튼하게 만들었다.

그런 이유로 많은 나라들이 리콴유 전 총리를 벤치마킹했다. 그는 물러나서도 국민들의 존경을 받으며 아직도 고문 장관으로서 계속 영향력을 행사하고 있다.

다른 나라의 장기 집권 독재자들과는 전혀 다른 훌륭한 지도자의 모습이다. 끊임없이 국민들에게 희망을 주고, 자신이 먼저 모범을 보이고 솔선수범하여, 국민이 자신을 따르게 만든 것이다. 리콴유는 강대국에 둘러싸여 국가의 존립이 위험한 상태였던 싱가포르를 세계무대에서 큰 목소리를 낼 수 있는 부강한 나라로 만들었다.

리콴유의 리더십이 바로 벤허의 성공 법칙이다. 채찍보다는 칭찬과 격려, 용기와 희망을 불어넣자. 조직원이 힘을 얻을 때 그 팀은 행복해질 것이다.

Chapter 2

돈 안 드는 아주 기가 막힌 장사
칭찬과 격려

《칭찬은 고래도 춤추게 한다》라는 책이 있다. 칭찬의 효용성에 대해서는 굳이 말하지 않아도 잘 알 것이다. 작은 일도 칭찬을 하면 더 큰 성과를 내게 된다.

우리 딸아이는 중학교 시절에 수학은 항상 수를 받아왔지만 사회 과목과 몇몇 다른 과목에서는 양을 받아오곤 했다. 그때마다 야단을 치지 않고 이렇게 말했다.

"한나야, 아빠가 목장을 하는데 양이 제법 많다. 넌 이제 중학생인데 벌써부터 양을 서너 마리씩 몰고 다니니 앞으로 큰 목장을 경영할 가능성이 크구나."

교회를 맡고 있는 목사로서 교회를 목장으로, 성도를 양으로, 그리고 내 자신을 목자로 비유했던 것이다. 그렇게 딸을 야단치지 않고 칭찬과 격려를 했고 가능하면 용기를 주려고 했다. '넌 잘 할 수 있다' 라고 말이다.

새벽기도를 다녀와서는 딸이 잠자고 있는 방으로 들어가 딸을 끌어안고 축복기도를 마음껏 해주었다. 딸은 어려서부터 아빠의 기도소리를 들으며 자란 아이였다. 기도한 후에 나는 "아빠는 너를 사랑한다"고 말해주었고, 딸도 내게 "나도 아빠를 사랑해요" 라고 말하곤 했다.

축복기도를 해주니 아이가 점차 바뀌어갔다. 대학에서는 거의 전 과목 A학점을 받아왔고 매년 장학금도 받았다. 이처럼 작은 일에도 잘했다고 칭찬하고 격려할 때 더 큰 잠재력이 나타나는 것이다.

명감독인 스티븐 스필버그는 어릴 때 카메라를 가지고 노는 것을 좋아했다고 한다. 그런 그에게 어머니는 카메라로 사진을 찍어보라고 했고, 찍어온 사진을 칭찬해주고 평해주면서 캠코더로도 촬영해보라고 권했다. 또한 "너는 앞으로 세계적인 영화감독이 될 것"이라고 격려를 해줬다고 한다. 스필버그는 초등학교 때부터 친구들을 초청해 자신이 촬영한 작품의 시사회를 여는 등 미래의 명감독이 되기 위한 준비를 해왔다.

그는 어려서부터 재능이 있었고 그의 어머니는 그 재능을 잘 발휘하도록 도왔다. 그 결과 세계적인 명감독이 될 수 있었다. 반면 우리는 자녀들에게 너무 100점짜리 시험 성적표만 강요하고 있지는 않은가?

영국 역대 수상 중 최고의 수상이었던 윈스턴 처칠은 고등학교 때까지 공부를 못해서 선생님과 주변 사람들로부터 공부 대신 기술이나 배우라는 말을 많이 들었다. 그러나 처칠의 아버지는 그가 공부를 잘할 수 있다고 늘 격려를 아끼지 않았고, 결국 그는 영국의 최고 수상으로 평가받는 사람이 되었다. 그는 제2차 세계대전을 승리로 이끌었고 노벨상을 수상하는 등 역사에 이름을 남겼다.

옛날 어느 영주의 휘하에 늘 울상을 짓는 직원이 있었다. 아침에 다른 직원들이 출근해서 울상인 얼굴을 보게 되면 "왜 아침부터 울고 다니느냐"며 놀리곤 했다. 그런데 어느 날 옆 마을의 영주 집안에 초상이 났는데, 영주가 다른 중요한 일 때문에 참석할 수가 없어서 그 울상을 대신 보내게 되었다.

그리고 얼마 뒤 초상을 치른 영주가 칭찬의 인사를 보내왔는데 어쩌면 그렇게 진심으로 가슴 아파해주는 사람을 보내주었냐고 말하는 것이었다. 그 이후부터 그 울상인 직원은 초상이 날 때마다 계속 특사로 가게 되었다고 한다.

그렇다. 아무리 못난 사람도 자세히 살펴보면 잘하는 일과 장점 한두 가지는 있게 마련이다. 그 일을 잘할 수 있도록 격려하고 칭찬해주어 효과를 극대화하자.

나는 물론이고 한국 사람들은 칭찬에 인색하다. 그래서 나는 요즘 칭찬을 많이 하려고 노력한다. 가족이나 직원 등 주변 모든 사람들을 칭찬하고 격려하려고 노력한다. 그 효과는 상상할 수 없을 만큼 크다.

돈이 드는 것도 아닌데 우리는 왜 칭찬에 인색할까? 우리 모두 칭찬하는 사람이 되자. 조금 과장스럽더라도 일부러 칭찬하고 격려하자.

앞에서 언급했던 앨리슨 레퍼가 성공할 수 있도록 옆에서 도와

주고 격려해준 사람이 있었다. 바로 제니 피어슨이다. 그녀가 쓰러질 때마다 곁에서 "넌 잘할 수 있다"고 격려해 주고 용기를 준 사람이 그녀였다. 레퍼가 두 팔이 없어 넘어졌다가 일어날 때나 운전할 때면 곁에 있으면서도 "항상 혼자 있다고 생각하고 혼자서 해보라"며 홀로서기를 가르쳐 주었다.

그 결과 레퍼는 혼자 운전도 하고 온갖 것을 다할 수 있는 사람이 되었다. 설리번 선생이 헬렌 켈러를 도왔듯이 앨리슨 레퍼에게는 제니 피어슨이 친구이자 선생님이 되어 격려와 칭찬을 해주며 홀로서기를 도와준 것이다.

손가락 네 개로 피아니스트가 된 이희아 씨에게도 어머니 우갑순 씨와 조미경 선생의 칭찬과 격려가 있었고, 그 결과 인간 승리의 주인공이 될 수 있었다. 작은 성과에도 칭찬하고, 앞으로 더 잘할 것이라고 따뜻하게 격려하면 생각지도 못한 엄청난 결과를 가져올 수 있다.

진정 행복한 사람은 칭찬에 인색하지 않다. 작은 것도 크게 칭찬하고 더 잘할 수 있다는 기대감을 보여주자. 사람은 너나 할 것 없이 다른 사람으로부터 인정받고 칭찬을 받을 때 에너지가 넘치게 된다. 가정에서도 조직에서도 사람들을 격려하자.

만약 당신이 뛰어난 사람이라면 당신을 시기하며 힘들게 하는 사람이 생길 수 있다. 하지만 그를 비난하고 욕하기보다는 오히려 그 사람을 더 칭찬하고 좋은 소문을 내보자. 당신을 힘들게 하던 그 사람이 어느 날 당신을 돕는 사람으로 바뀌어 있을 것이다.

작은 일에도 지나치다 싶을 만큼 칭찬과 격려를 아끼지 말자. 그 효과는 상상할 수 없는 에너지로 표출될 것이고 놀라운 성과를 가져오게 될 것이다.

Chapter 3

'마음먹기'의 기술

지방 도시에서 온 고등학교 3학년 학생 두 명이 서울대학교에 지원했다. 그중 한 명은 합격했고 다른 학생은 불합격했다. 합격한 학생은 너무 기뻤고 불합격한 학생은 우울했다.

그 두 학생이 같이 열차를 타고 집으로 내려가는데, 길가에 서서 열차를 향해 손을 흔드는 아이들이 있었다. 합격한 학생은 "나를 모르는 저 아이들마저도 나의 합격을 축하해주고 있구나" 하며 기뻐했고, 불합격한 학생은 "저것들까지도 나를 약 오르게 한다"고 속상해했다. 이처럼 같은 상황이라도 자신의 마음 상태에 따라서 전혀 다른 반응을 보일 수 있다.

사람이 살아가면서 항상 좋은 일만 있을 수는 없다. 오르막이 있으면 내리막이 있고 맑은 날이 있으면 흐린 날도 있다. 웃을 때가 있으면 울 때도 있다. 실패와 고난의 때가 있으면 성공과 기쁨의 날도 있기 마련이다.

힘들고 어려울 때는 근본적인 원인부터 하나하나 점검하고 이유를 알아내서 그것을 고치고 바꾼다면 실패에서 성공으로, 슬픔에서 기쁨으로 나아갈 수 있다.

미래산업의 창업자인 정문술 회장은 국가기관에서 근무하다가 본의 아니게 그만두고, 후배의 권유로 경험도 없이 시작한 회사가 부도가 나는 등 온갖 어려움을 겪었다. 하지만 마음속에는 항상 할 수 있다는 희망을 갖고 첨단산업 분야의 굴지의 회사인 미래산업을 세웠다. 지금은 은퇴했지만 카이스트에 300억 원을 기증해서 국가와 민족 발전에 이바지했다.

카이스트에서는 정 회장의 이름으로 건물을 짓고 준공식에 참석해달라며 초청을 했지만 "생명공학에서 놀라운 발전과 성과가 있을 때 그 건물에 들어가 보겠다"며 사양했다고 한다.

그런 훌륭한 분은 오래도록 현직에 남아 있으면서 더 큰 공헌을 하는 것이 국가적으로도 좋겠다는 생각이 들지만 아쉽게도 조기에 은퇴를 했고, 기업을 가족이 아닌 후임자에게 넘겼다고 한다. 현직에 있을 때는 본인의 가족들이 절대 회사에 드나들지 못하도록 했고, 회사는 주주들의 것임을 늘 강조했다고 한다.

'실패는 성공의 어머니'라는 말이 있다. 일이 생각보다 쉽게 풀리지 않는다고 쉽게 포기하지 말라. 실패가 아니라, 성공을 위한 경험을 쌓고 있다고 생각하라.

대구 광명학교 교감으로 장애인들의 교육에 열정을 다하고 있는 황재환 선생은 서해의 작은 섬에서 태어났다. 가족이 모두 이념 문제로 몰살당한 고아 소년, 그 후 찾아온 수류탄 사고, 눈과 팔과 다리의 3중 장애, 그리고 장애인이 겪어야 하는 사회의 벽. 그러나 그는 이 모든 장애를 극복하고 피아노 연주자가 되었다.

황 선생이 교도소에서 역경과 고난 속에서도 불굴의 의지와 믿음으로 인간 승리를 이룬 자신의 지난날을 간증할 때면 수많은 재소자들이 눈물을 흘리며 갱신한다고 한다. 저런 장애자도 저렇게 인간 승리의 길을 걷는데 멀쩡한 우리가 왜 죄를 짓고 감옥에서 지내느냐고 후회하면서, 죄수들이 복음을 받아들이고 변화된 삶을 다짐한다고 한다.

황 선생은 수많은 언론의 인터뷰와 공연으로 많이 알려져 있고 해외에도 공연을 다닌다. 장애자니까 할 수 없다고 포기하는 것이 아니라 '할 수 있다' 는 불굴의 투지와 열정, 도전정신으로 기어코 인간 승리의 위업을 이루었다.

우리의 마음과 생각에 따라 재기하느냐 아니면 포기하고 절망하느냐가 결정된다. '포기' 는 배추를 셀 때만 사용하고 '실패' 는 바느질을 할 때만 사용하라. 도전하자. 하늘이 무너져도 솟아날 구멍이 있다고 하지 않는가?

나는 오뚝이를 좋아한다. 오뚝이는 쓰러뜨려도 금방 일어나기 때문이다. 나는 4전 5기의 권투선수 홍수환 씨를 좋아한다. 그는 네 번씩이나 다운당하고도 다시 일어나 상대 선수에게 KO펀치를 날려 챔피언이 되었다.

KFC의 창업주인 커넬 샌더스는 첫 프랜차이즈를 따내기까지 무려 1,009번의 거절을 당했다. 그래도 포기하지 않고 계속 찾아가 기어코 허가를 얻어내 KFC를 세계적인 브랜드로 키웠다. 한 번의 시도로 순조롭게 잘 되는 일은 거의 없다. 일이 잘 되지 않고 있어도 경험과 노하우를 쌓는 중이라고 생각하라. 실패는 성공을 이루기 위한 발판과 경험이며 기초공사다.

벼룩은 한 번 점프할 때 4m가량을 뛴다고 한다. 그런데 벼룩을 유리컵 속에 넣고 뚜껑을 닫아두면 뛰쳐나가려고 몇 번 뛰어 부딪혀 보고는 결국 뛰기를 포기한다. 그 후부터는 뚜껑을 열어놓아도 아예 밖으로 나가려는 시도조차 하지 않는다고 한다. 우리도 혹시 벼룩처럼 몇 번의 실패 때문에 포기하고 있지는 않은가?

어항 속에 아주 작은 물고기와 큰 물고기를 함께 넣어두면 큰 물고기는 작은 물고기를 잡아먹는다. 그런데 어항 속에 분리대를 넣고 물고기들을 분리해 놓았더니 큰 물고기가 작은 물고기를 잡아먹으려고 하다가 유리벽에 부딪히게 되었다. 역시 시간이 지난 후 유리벽을 치웠지만 큰 물고기는 작은 물고기가 바로 곁에 있는데도 잡아먹지 않았다고 한다. 이와 같이 몇 번의 시도 후에 실패를 했다고 해서 중도에 포기해버리는 사람이 있다.

발명왕 토머스 에디슨은 학교에 입학해 3개월도 다니지 못하고 자퇴했다. 학교에서 바보 취급을 당했기 때문이었다. 그의 어머니는 결국 집에서 그를 가르쳤고, 훗날 에디슨은 과학자가 되었으며, 1,093개의 특허를 갖게 되었다.

에디슨이 백열전등을 개발할 당시 무려 140번씩이나 실패한 후에 마침내 성공했다. 그는 "어떻게 140번씩이나 실패하면서도 포기하지 않고 끝까지 연구해 성공할 수 있었느냐"는 사람들의 질문에 "실패라니요? 나는 절대로 실패한 적이 없습니다. 나는 단지 전구를 만들 수 없는 140가지 이유를 발견했을 뿐입니다"라고 대답했다.

에디슨은 링컨 대통령과 경합을 벌인 끝에 19세기의 대표 인물로 선정되었다.

현대그룹 창시자였던 고(故) 정주영 회장이 선박회사를 설립하고 해외에 나가서 옛날 돈 500원짜리 지폐의 뒷면에 나오는 이순신 장군의 거북선을 보여주고 선박을 수주해 왔다는 일화는 너무나 유명하다.

직원들이 불가능하다거나 어렵다는 의견을 피력할 때마다 정 회장은 "이봐, 해봤어?"라고 말하며, 하면 된다는 신념으로 실천해보라고 했다. 그렇게 시작한 선박회사는 처음에는 손해를 무척 많이 봤다. 당시 고(故) 박정희 대통령이 정 회장을 청와대로 초청해 그러한 상황을 위로했다고 한다.

"임자! 선박회사 차려서 손해를 많이 보고 실패를 해서 마음고

생이 심하다고 들었어요”라고 하자, 정 회장은 “실패는 무슨 실패요? 다만 비싼 등록금을 치른 거지요”라고 대답했다고 한다.

직원들이 불신할 때 그는 ‘이봐, 해봤어?’ 라는 확신으로 밀어붙였고, 실패를 위로할 때는 ‘비싼 등록금을 치루었다’ 고 생각했다. 이런 정 회장의 생각과 확신이 어려움을 극복하고 세계적인 기업을 이루는 원동력이 되었다.

우리도 그러한 생각을 가져야 한다. 실패가 와도 이를 실패로 받아들이지 않는 사람에게는 그것이 성공의 발판이 된다.

행복한 사람은 항상 긍정적으로 마음을 먹는 사람이다. 상대방의 입장에서 생각하고 좋은 쪽으로 생각하려는 사람이다. 행복은 그냥 오는 것이 아니다. 스스로 만들어가는 것이다. 쉽게 포기하지 말자. 경제적 손실이나 실패를 겪어도 정주영 회장의 말처럼 비싼 등록금을 치르고 인생 공부를 했다고 생각하면 되는 것이다.

나를 비난하고 욕하는 사람이 있다면 나의 모자란 부분과 달라져야 할 부분을 그 사람을 통해서 깨달을 수 있다. 그러니 오히려 감사하다는 마음을 가지고 달라지는 기회로 삼으라. 사람은 원래

남의 눈에 있는 티는 보면서도 내 눈의 티는 보지 못하는 법이다.
진정으로 행복하길 원한다면 상대편의 입장에서 생각하고 배려
하고, 자신에게서 문제를 찾고 변화하려는 자세를 가져야 한다.

Chapter 4

나의 성공 프로그램

내가 가진 몇 가지 성공의 방법들을 소개해보려고 한다.

첫째, 나는 새벽형 인간이다.

나는 새벽 4시에 일어난다. 아무리 늦게 잠자리에 들어도 4시에는 반드시 일어나 새벽기도를 드리고 6시부터 하루 일과를 시작한다.

모든 사람들이 곤한 잠에 빠져 있는 새벽에 일어나 기도를 하면 남다른 기쁨을 느낄 수 있다. 국가와 민족을 위해, 소외된 어려운 이웃을 위해 기도하고, 내가 그들에게 필요한 존재가 되어 오늘 하루도 가치 있는 일을 할 수 있기를 기도한다. 기도를 하면서 나 자신을 돌아보고 실수한 일과 남에게 상처준 일은 없는지, 만날 사람과 해야 할 일 등을 체크하다 보면 잊고 있었던 중요한 일들이 떠올라 메모를 하기도 한다. 사람에게는 묵상 또는 명상의 시간이 필요하다. 그 시간을 통해 마음의 수양이 이루어지고 평온함과 새로운 에너지가 충전됨을 느낄 수 있을 것이다.

또한 나는 아침운동과 건강관리를 철저하게 한다.

새벽기도를 하고 러닝머신으로 한 시간가량 운동을 하는데, 땀을 듬뿍 흘리고 나서 샤워를 하면 기분이 매우 상쾌해진다. 나는 키가 160cm로 작은 편인데 한때는 체중이 80kg까지 나가서 뚱뚱했다. 그런데 러닝머신으로 꾸준히 운동을 하다 보니 지금은 60kg까지 체중을 줄일 수 있었다.

우리 주변에는 고생해서 자수성가했지만 체력관리에 실패해 병을 얻고 일찍 현직에서 물러나는 사람들이 많다. "돈을 잃는 것은 조금 잃는 것이며, 신용을 잃는 것은 많은 것을 잃는 것이며, 건강을 잃는 것은 모든 것을 잃는 것이다"라는 말이 있다. 그만큼 운동을 통한 꾸준한 건강관리는 중요하다는 말이다. 일단

병이 들고 난 뒤에는 다시 건강을 되찾기가 쉽지 않으므로 평상시에 자신에게 맞는 운동법을 찾아 체력관리를 해야 한다.

또한 평상시에 복식호흡 같은 바른 호흡을 하도록 신경을 써야 한다. 500년의 수명을 자랑하는 거북이는 1분에 3번 정도 호흡을 한다. 1분에 40~60회의 호흡을 하는 개의 수명은 15년이다.

또한 반신욕도 좋은 방법이다. 하루 일과를 마치고 잠자리에 들기 전 30분 정도 반신욕으로 피로를 푸는 것이 숙면에 도움이 된다. 반신욕은 땀을 통해 우리 몸의 노폐물을 배출하는 효과를 주는데, 더불어 조용히 하루를 반성하고 정리하는 시간이 되기도 한다.

세 번째로 공부와 독서를 열심히 한다.

"사람은 책을 만들고 책은 사람을 만든다"는 말이 있다. 나는 대중교통 수단을 이용할 때나 빈 시간을 활용해 항상 책을 읽는다. 좋은 책은 영혼과 육체를 건강하게 한다. 공병호 박사는 "부자가 되고 싶으면 부자의 생각을 훔치라"고 했다. 부자들을 직접 만나 성공비결을 들을 수는 없어도 그들의 생각이 담긴 책을 읽으면 도움이 된다.

나는 일주일에 2~3권의 책을 읽는데 책을 통해 많은 도전을 받기도 하고 큰 힘을 얻기도 한다. 마이크로소프트 사의 빌 게이츠 회장이나 삼성의 이건희 회장처럼 성공한 CEO들은 대부분 독서를 많이 한다고 한다.

우리에게 책만큼 훌륭한 스승은 없다. 책을 읽을 때 책을 더럽힐까봐 두려워 말고 펜으로 밑줄도 긋고 느낀 점을 여백에 써 넣기도 하면서 자신의 지식으로 만드는 것이 중요하다. 책을 사서 읽는 것은 자신을 위한 가장 확실한 투자다.

마지막으로 나는 전문성을 살리기 위해 노력한다.

자신이 하는 일에 전문성을 가져야 한다. 다방면에서 잘하는 사람보다는 자신의 전공 분야에 전문성을 가진 전문가가 되길 바란다.

나는 식당에 가도 가장 자신 있는 메뉴 하나로 승부하는 음식점을 찾아간다. 수많은 메뉴를 취급하는 음식점은 보편적으로 그저 그런 식당인 경우가 많다. 요즘은 창조경영이란 말을 많이 사용한다. 모방의 시대는 끝났다는 이야기다. 모방만으로는 한계가 있으므로 타의 추종을 불허하는 자신만의 전문성이 있어야 한다.

　행복한 미래를 원하는가? 그렇다면 무엇보다 오늘을 어떻게 보내느냐가 중요하다. 오늘 하루를 가치 있게 보내면 그것이 하나하나 축적되어 행복한 미래가 보장된다.

　행복한 미래는 저절로 찾아오는 것이 아니다. 행복은 만들어가는 것이고 경영하는 것이다. 방탕하고 탈선된 길을 가면서 행복을 꿈꾸는 것은 뜬구름을 잡는 것과 같다. 행복한 미래를 원한다면 나만의 성공 프로그램을 작성하고 이를 실천해야 한다. 오늘 하루를 알차게 보내고 미래를 위해 투자하며 의미 있게 살면 행복한 미래가 보장될 것이다.

Chapter 5

나는 타고난 전문가다

두바이는 아랍에미리트 연방을 구성하는 7개 국가 중의 하나로서 셰이크 모하메드가 지도자다. 셰이크 모하메드는 '세계 최초, 최고, 최신'이라는 캐치프레이즈로 세계 역사상 유례가 없는 도시를 건설하고 있다.

그는 섭씨 40~50도를 오르내리는 사막에 4계절용 실내 스키장을 만들고, 바다를 메운 인공 섬 위에 세계 최고의 7성급 호텔을 지었다. 해안선을 확보하기 위해 야자수 모양으로 바다를 메워 아름다운 건물과 쇼핑센터를 짓고, 세계지도 모양의 섬을 만들어 세계 부호들에게 분양하는 등 기발한 아이디어로 세계인의 관심을 집중시켰다. 이러한 놀라운 성공에 감탄한 많은 사람들이 셰이크 모하메드의 리더십을 벤치마킹하고 있다.

우리도 그와 같이 자신이 하는 일에 관해 끊임없이 연구하고 최선을 다해, 타의 추종을 불허하는 전문성을 가진다면 머지않아 세계에서도 인정받는 성공을 이루게 될 것이다.

의성은 마늘이 유명하고, 성주는 수박과 참외가 유명하다. 상주는 곶감이 유명하고, 남원은 추어탕, 순창은 고추장, 보성은 녹차가 유명하다. 대학도 각자 유명한 학과들이 있다. 홍익대는 미술과 디자인, 경희대는 한의학, 한양대는 공대가 유명하다. 이와 같이 개개인도 자신만의 전문성이 있어야 한다.

한 분야의 전문가가 되려면 10년 정도는 그 분야에 몸담고 철저히 준비해야 한다. 피겨스케이터 김연아 선수는 6세에 운동을 시작해 10년 후인 16세에 세계대회 우승을 했다. 수영의 박태환 선수도 7세에 수영을 시작해 10년 뒤인 17세에 세계대회 우승을 했다. 너무 빨리, 너무 쉽게 결과를 바라지 말고 10년 후를 내다보며 철저하게 준비한다면 반드시 좋은 결과가 있으리라 생각한다.

전국에 '왕호떡' 체인점을 갖고 있는 김민영 회장은 호떡장사로 성공한 사람이다. 그는 호떡을 만드는 일에 부단한 노력과 관심을 기울여 호떡장사의 프로가 되었다. 자신만의 이미지와 캐릭터를 알리기 위해 100여 개의 나비넥타이를 바꿔 매가며 호떡장사를 하기도 했다.

어느 날 동대문시장 앞을 지나다가 각설이 옷을 입고 희한하게 화장을 하고 북을 치고 노래하며 가위를 치고 있는 엿장수를 보았다. 그 열정적인 모습에 반해 한참을 서서 구경하고, 엿도 한 봉지 산 적이 있다. 비록 최고로 성공한 사람은 아닐지라도, 무슨 일을 하든지 자신만의 전문성으로 성실하고 열정적으로 최선을 다하는 모습은 언제나 아름답다.

2006년 12월에 나흘간 평양을 방문했을 때 평양교예단의 공연을 관람했었는데 모두들 대단한 실력을 갖추고 있었다. 그렇게 공연하기까지 얼마나 많은 수고와 노력을 했을까 생각하니 격려의 박수를 보내지 않을 수 없었다.

몇 년 전 러시아의 상트페테르부르크에서 시내 관광을 다니던 중 거리의 악사를 보았다. 우리가 한국인임을 알아본 악사들은

'애국가'와 '고향의 봄'을 연주하기 시작했다. 너무도 놀랍고 반가워서, 연주가 끝난 후에 주저 없이 넉넉한 팁을 주었던 기억이 난다. 그들은 일본인이 나타나면 즉시 일본 노래를 연주하고 중국 사람이 나타나면 중국 노래를 연주했다. 이들 역시 모두 전문성을 가진 사람들이다.

장애인 육상대회에 출전한 남아프리카공화국의 오스카 피스토리우스 선수는 무릎 아래 뼈가 없이 태어났다. 그런 그가 보철다리로 육상대회에 참가해 100m를 10초 91로 달리는 기량을 선보였다. 2008년 베이징 올림픽에서는 장애인이 아닌 정상인들과 실력을 겨루기를 희망하고 있다.

그런가 하면 선천성 사지 기형 1급 장애를 갖고 태어난 이희아 양은 네 개의 손가락으로 피아니스트가 되었다. 피아노를 배울 때 여러 번 절망하고 포기하려 했지만 어머니의 헌신과 선생님의 도움으로 결국 미국의 CNN방송 등 여러 언론 매체에 소개될 정도로 성공했다. 장애를 딛고 피아노 연주자가 된 이희아 양에게 수많은 사람들이 감동을 받았고, 세계적인 언론이 찬사를 보내고 있다.

경남 의령군 궁류면 압곡리 신반중학교의 의동분교는 2년 전 전교생이 7명뿐이었다. 이 학교에 부임해 온 하종찬 교사는 사춘기 결손 가정 학생 7명에게 꿈과 희망을 줄 수 있는 방법을 찾다가 사격을 가르쳤고, 이후 경남대회에서 사격상을 휩쓸었다.

첩첩산골의 소외된 7명의 학생들에게 하 교사는 꿈과 희망을 준 천사였다. 의동분교는 2008년 2월 28일자로 폐교되었고, 7명의 학생들은 스쿨버스를 타고 의경중학교에 다니고 있다.

그후 하종찬 교사는 신반중학교 체육교사로 부임해 남학생들에게는 배드민턴을 가르치고, 여학생들에게는 정구를 가르쳤다. 정구를 배운 여학생들은 2008년 5월 경남 도체육대회에서 1등을 수상했다.

학생들을 훈련시켜 각종 대회에서 수상했음에도 불구하고 하 교사는 자신이 잘한 것이 아니라 학생들이 잘해 주었다며 겸손해 한다. 오늘도 학생들에게 꿈과 희망을 심어주는 하종찬 교사에게 감사와 격려의 박수를 보낸다.

최연소 비행기 조종사인 전유나 양은 제천여중 2학년 학생이다. 초등학교 5학년 때 불의의 사고로 어머니를 여의고, 하늘에

계신 어머니와 좀 더 가까이 하고 싶다는 바람으로 비행기 조종술을 배우기 시작했다고 한다.

전 양은 충북 제천 드림항공 전문비행교육기관에서 실시한 제1회 초경량비행장치 실기시험에 당당히 합격한 후 아시아 최연소 여성조종사라는 기록을 세웠다. 앞으로 비행기 조종사로서 전 세계를 비행할 그녀에게 격려와 축하의 박수를 보낸다.

《찔레꽃 그 여자》라는 책을 쓴 박순애 씨는 재소자 재활 교육을 하고 있다. 그녀는 폭력적인 아버지 밑에서 자라며 초등학교도 졸업하지 못했고 이복 오빠에게는 성폭행까지 당했다.

하지만 청소년 시절부터 농촌의 4H 운동을 하며 농촌 탁아소를 운영했다. 또한 그녀는 영농후계자로서 농촌 청년운동을 이끌기도 했다. 당시 집 근처에 청송보호감옥소가 들어서자 군수의 추천을 받아 재소자 정신교육 강사로 나섰고, 자신이 지나온 힘든 삶을 간증해 재소자들의 큰 호응을 받아 그 일을 계속 하게 되었다.

그러던 중 그녀가 재소자들의 인권 보호와 관련한 글을 신문에 게재하게 되면서 교정 일을 그만두고 서울로 상경하게 되었다.

그리고 우여곡절 끝에 몇몇 학생들을 대상으로 과외수업을 시작한 일이 커져서 학원을 운영하기 시작했고, 지금은 다섯 종류의 학원을 운영하고 있다.

이후 다시 영등포교도소 등 여러 곳에서 교정 사역을 시작해 강연자로, 작가로 왕성한 사회 활동을 하면서 소외되고 어려운 이웃을 위해 성실하게 살아가고 있다.

그녀는 좋은 대학은커녕 초등학교도 못 나왔고 가난한 시골에서 자라면서 어린 나이에 험한 일도 많이 겪었다. 하지만 그 모든 역경을 이겨내고 당당히 전문인으로 활동하고 있다.

이와 같이 우리 주변에는 자신의 역경과 한계를 극복하고 정상에 우뚝 선 훌륭한 사람들이 많이 있다.

우리는 전문인의 시대에 살고 있다. 지금은 무엇보다 자신만이 할 수 있는 전문성을 가져야 한다. 그러기 위해서는 우선 자신의 전문성을 발견하는 것이 매우 중요하다. 자신의 취미와 관심 분야 중에서 잘할 수 있는 일을 찾아 그 일에 매진하기를 권한다.

우물을 팔 때도 여기저기에 구덩이를 파다 보면 결코 물을 발견할 수 없다. 이것저것 조금씩 하다가 중단해버리면 결국에는 아무것도 할 수 없게 된다. 자신만이 잘할 수 있는 재능을 개발해 전문가로 성공하기를 바란다.

사람은 태어날 때부터 기적적인 과정을 거친다. 아버지의 정자가 어머니의 난자를 만나서 수정란이 되기까지 정자는 5억 분의 1의 경쟁을 뚫어야 하고 그 결과 '나'라는 존재가 태어난다.

지구상에는 약 66억 명의 인구가 살고 있다. 하지만 나와 똑같은 사람은 단 한 사람도 없다. 그러므로 나는 특별한 존재인 것이다. 그리고 내 안에는 나만이 잘할 수 있는 특별한 재능이 숨겨져 있다. 그것을 찾아내고 전문화시키는 것이 전문성이다.

나만의 전문성을 살리자. 이를 통해 우리는 세계로 뻗어나갈 수 있는 길을 열 수 있을 것이다. 나만이 잘 할 수 있는 전문성으로 행복을 연출하자.

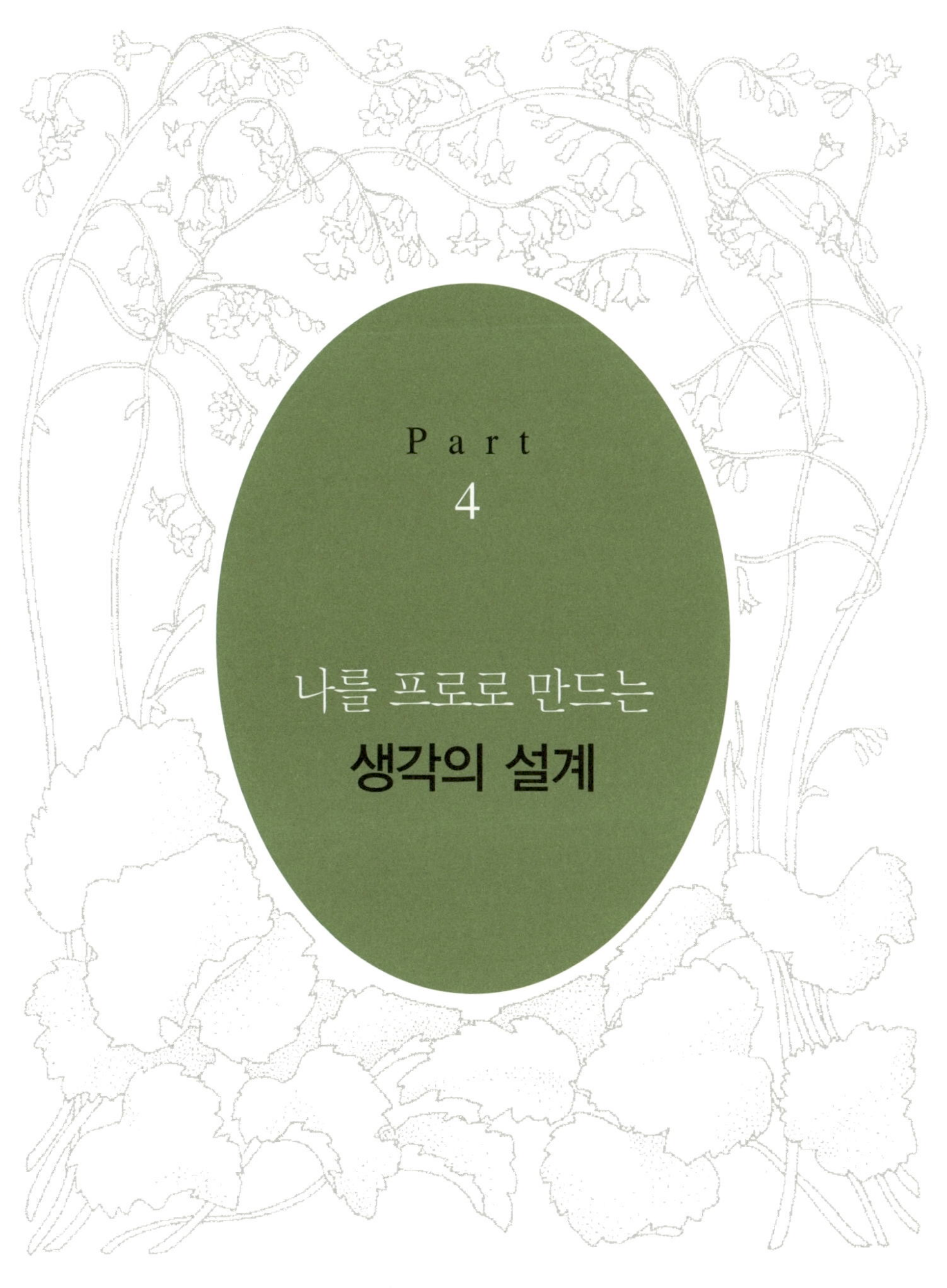
Part
4
나를 프로로 만드는
생각의 설계

최고의 자녀를 위한 최고의 교육

프로로 산다는 것

노르웨이에는 국왕과 라면왕이 있다

네 자신이 곧 브랜드다

Chapter 1

최고의 자녀를 위한 최고의 교육

자녀 교육에 있어 우리나라만큼 뜨거운 열정을 가진 나라도 없을 것이다. 그에 따른 고액 과외와 학원 열풍, 조기유학으로 인한 기러기 가족 등 파생되는 사회 문제도 만만치 않다.

자녀 교육은 미래를 위한 투자로 나쁘다고만은 할 수 없다. 부모 세대는 고생하며 어렵게 살았지만 자녀들만큼은 어려움 없이 살고 훌륭한 사람이 될 수 있도록 키우려는 부모들의 열정은 눈물겨울 정도다. 그렇다면 모든 부모들의 숙제인 자녀 교육은 과연 어떻게 하는 것이 현명한 방법일까.

우선 태교가 중요하다.

어린 시절, 교육의 중요성은 아무리 강조해도 지나치지 않다. 그러나 더 중요한 것은 임신되기 전이다. 정자와 난자가 만나서 임신이 되는데, 남자의 정자는 부부관계 전 80일경에 생성되어 있다가 임신에 이른다고 한다.

그러므로 정자가 만들어지는 임신 3개월 전쯤의 남편의 영적 상태, 즉 기분이나 마음, 정신상태가 중요하다고 한다.

남편의 밝고 좋은 정신과 마음 상태에서 만들어진 정자가 부인의 난자와 만나 임신이 되고, 그 후에는 태중에서 10개월간 자라며 어머니의 마음과 정신 상태, 즉 영적인 상태에 따라 태아에게 많은 영향을 준다고 한다.

영적으로 건강한 아기를 낳기 위해서는 임신부가 조용한 분위기의 환경에서 성경을 읽고, 기도하며, 묵상하고, 은혜 충만한 상태에서 10개월간 준비하는 것이 좋다. 임신부가 끔찍한 뉴스를 보거나 충격 받으면 영적으로 태아에게 나쁜 영향이 미친다고 한다.

중요한 것은 임신되기 3개월 이전 남편의 영적 상태가 최고로 양호한 상태에서 정자가 생성되어 대기 상태에 있다가 임신을 하는 것이 좋다. 임신한 부인이 10개월 동안 절대적으로 안정을 취하고 정신적으로나 마음에 충격 없이 평온한 가운데 출생한 아이가 영적으로나 정신적으로 건강하다고 한다.

그럼 유아 교육의 중요성에 대해 알아보자.

이렇게 태어난 아이를 어떻게 양육하는 것이 잘 키우는 것일까?

무엇보다 아이는 사랑으로 키워야 한다. 부모의 사랑을 듬뿍 받고 자란 아이는 방황하지 않는다. 부모가 자녀를 사랑하지 않으면 누가 사랑해 주겠는가? 말 못하는 짐승도 자신의 새끼는 아낀다.

사랑으로 양육하자. 사랑을 쏟아 부으라. 사랑을 쏟는데 돈이 드는 것도 아니다. 부모의 뜨거운 사랑을 자녀에게 전달하자. 사랑을 받고 자란 아이는 자라서도 건강한 정신과 마음을 가지게 된다.

최고의 교육 환경을 만들어주자. 자녀가 어릴 때부터 좋은 환경에서 양질의 교육을 받을 수 있도록 부모가 기회를 만들어줘야 한다. 그리고 바른 본을 보여주는 것이 중요하다. 자녀들은 부모에게서 모든 것을 배운다. 부모가 서로 사랑하는 것과 근검절약하는 모습, 효도하는 모습, 봉사하는 모습들이 자녀에게 그대로 전달된다.

심리학자 길퍼드에 의하면 인간의 지적 능력에는 120여 가지의 종류가 있다고 한다. 사람마다 120여 기지의 능력 중에 어느 분야에서는 천재성을 보이고, 어느 분야에서는 거의 바보와 같은 무능함을 보인다고 한다.

천재성을 보이는 분야, 즉 잘하는 부분을 도와주고 일깨워주면 그 분야에 천재성을 나타내게 된다. 그러므로 잘할 수 있는 분야의 재능을 개발할 수 있도록 부모가 도와주는 게 좋다.

전남 목포시 북교 초등학교 6학년에 재학 중인 전대원 군. 전 군의 아버지 전근옥 씨는 목포에 책 대여점을 열면서 아들이 책을 가까이 하도록 노력했다. 처음에는 만화책과 동화책, 그림책 등 쉽게 읽고 취미를 붙일 수 있는 책들을 가까이 하도록 했다. TV나 인터넷도 없애고 책에 취미를 붙일 수 있도록 도와 주었다.

지금까지 전 군이 읽은 책이 2,000여 권이라고 한다. 항상 책을 읽은 후에는 독후감을 쓰고 있으며, 독후감을 쓰면서 자신의 것으로 소화시킨다.

2008년 3월까지 전 군은 독서와 관련한 상을 520여 개나 받았다. 한국 스카우트 연맹에서 주최한 9~23세까지의 '한국을 빛낼 기대주'로 음악 부분에서는 세계적 피아니스트인 김성욱 군이, 체육 부분에서는 피겨스케이트 여왕인 김연아 양이 수상했는데 문학 부분에서는 12세인 전대원 군이 최연소의 나이로 수상해 1,000만 원의 상금을 받기도 했다.

전 군이 받은 상금만 수천만 원에 이르고, 지금은 목포대학교 과학영재원에서 교육을 받고 있다. 그동안 《시 쓰는 검찰총장이 될래요》와 《열한 개의 나이테를 그리며》라는 두 권의 책도 출간했다.

"두 동생인 8세 대산이와 6세 대진이도 대원이처럼 키우고 싶다"는 아버지 전근옥 씨는, 아이들의 독서를 위해 요즘도 TV는 뉴스만 시청한다고 한다. 집안 전체의 분위기를 독서하는 분위기로 이끌어가기 위해서다.

전 군의 부모는 아들이 학급의 또래 아이들에게 시기와 질투의 대상이 되지 않게 하기 위해 학급 교우들과 원만한 관계를 가지게 하려고 많은 신경을 쓴다. 급우 중 집안 환경이 어려워 준비물을 잘 챙겨오지 못하는 아이들을 위해 필요한 준비물을 넉넉하게 가져가 나눠주게 하기도 한다는 것이다.

앞으로의 중학교 과정은 국제 중학교 또는 검정고시, 외국 유학을 생각하고 있다고 한다.

집안에 책이 너무 많아서 시골집에 1만 5,000여 권을 보냈는데, 지금은 책이 너무 많아져 도서관 못지않다고 한다. 자녀를 교육시키는 부모들에게 전 군의 사례가 많은 참고가 되리라 생각하며 전 군의 앞길에 큰 행운이 있기를 기원한다.

다음으로 바른 인성 교육을 해야 한다.

한국의 부모들은 대부분 내 자녀를 똑똑한 자녀로 키우고 싶어 한다. 아니 이것은 모든 부모가 같은 마음일 것이다.

자녀 여섯과 부모님 두 분, 총 8명의 가족이 하버드대와 예일대 등 미국 명문대학의 박사학위 11개를 소유한 전혜성 여사는 "섬기는 부모가 자녀를 큰 사람으로 키운다" 며 자녀를 그냥 똑똑하게만 키우거나 일등만 강조하는 부모가 되지 말고 자녀들의 인성 교육에 신경 쓸 것을 강조한다.

'섬기는 리더십' 을 강조하며 '덕을 베푸는 사람' 으로 양육할 것을 주문한다. 전 여사의 이런 교육 덕택에 미국 예일대 로스쿨(Law School) 학장과 클린턴 정부 때 인권 차관보를 지낸 고홍

주 씨 등 자녀들을 모두 성공한 인물로 길러냈다. 전 여사는 자녀들을 섬길 줄 알고, 덕을 베푸는 인재로 키울 것을 주문한다.

성공하여 사회의 지도층에 있음에도 불구하고 자신만 잘 살겠다고 부를 부정 축적해 지탄의 대상이 되는 사람들이 얼마나 많은가.

《엄마가 달라지면 아이들이 성공한다》의 저자인 김유미 씨는, 엄마의 역할이 자녀에게 절대적 영향을 미친다고 말하며 자녀들이 어머니의 좋은 영향을 받고 자라 감사와 은혜를 잊지 않는, 섬기는 자녀로 양육할 것을 제안한다. 《내가 정말 알아야 할 모든 것은 유치원에서 배웠다》의 저자인 로버트 풀검은 유치원 교육과 어린 시절 교육의 중요성을 강조한다.

《카르마 경영》을 저술한 일본 최고의 CEO였던 이나모리 가즈오의 성공 비결은, 회사를 경영하면서 어렵고 힘들 때마다 기본으로 돌아가 생각하고 점검한 것이라고 밝히고 있다. 기본이란 무엇인가? 인사 잘하기, 바르게 살기, 거짓말하지 않기, 친절하기 등 인생살이에서 가장 기본이 되는 어린 시절 교육을 실천한다면 틀림없이 성공한다고 주장한다. 그렇다. 섬기는 리더가 되도록 가르치자.

만남의 중요성을 가르치자.

사람은 누구를 만나느냐에 따라 달라진다. 태어나 자라면서 부모의 영향을 절대적으로 받게 되고, 그 다음으로 친구의 영향을 받는다. 좋은 친구를 만나면 좋은 영향을 받게 되지만, 나쁜 친구를 만나면 나쁜 영향을 받게 된다. 문제 아이 곁에는 문제 친구가 가까이 있다. 친구를 잘 사귀게 도와주는 것도 부모가 신경 써야 할 부분이다.

다음으로 스승의 영향을 받는다. 좋은 스승과 좋은 관계를 맺고 유지하는 것은 살아가는데 굉장히 중요한 결과를 가져온다. 배우자를 잘 만나는 것도 중요하다. 신중하게 만나서 행복한 가정을 이루도록 어릴 때부터 교육하는 것이 좋다.

전문성의 중요성을 가르치자.

어디에서 어떤 일을 하든지 전문성을 가진 명인이 되도록 격려하고 지원하자. 그것을 가리켜서 '장인정신' 이라고 한다. 일본 사람들은 무엇을 하든 몇 대 째 지속해 전문성과 장인정신을 갖고 일을 한다. 그런데 우리나라는 그렇지 못한 경우가 많다.

'국가 고객만족도 조사' 에서 1위를 차지한 대구의 영진전문대학은 산업체 수준에 맞먹는 첨단 실험, 실습, 기자재를 준비해놓고 맞춤식 교육을 하고 있다. 학생들을 집중 교육시켜, 기업에서 꼭 필요한 전문 인력으로 양성하고 있다. 영진전문대학이 1위를 차지하는 것은 어쩌면 당연한 일이다.

여러분의 전문 분야는 무엇인가? 의사의 사명은 질병을 잘 치료하는 것이다. 요리사의 사명은 음식을 맛있게 만드는 것이다. 교사의 사명은 교육을 잘 시키는 것이다. 영화나 드라마는 재미와 감동을 줘야 하며, 소방관의 사명은 불을 잘 진화하는 것이다.

시설도 좋고, 분위기도 멋지고, 모든 것을 최고로 해놓았지만 음식 맛이 없다면 그 식당은 엉터리 식당이다. 식당은 음식이 맛있어야 한다. 음식이 맛있으면 멀리서도 찾아오고, 자리가 없으면 줄을 서서라도 기다리고 식사를 한다.

약국이나 병원, 의사나 약사의 사명은 질병에 대한 바른 진단과 바른 처방으로 치료를 잘하는 것이다. 그래야 명의이고 명약이다. 시설도 좋고, 인상도 좋고, 친절하기까지 한데 병을 고치지 못한다면 빛 좋은 개살구에 지나지 않는다.

영화나 드라마, 뮤지컬, 책에는 감동이 있어야 한다. 교회의 사명은 영혼의 병을 잘 치료해주는 것이다. 교회의 사명은 국수

삶아주는 것도 아니고 환경투쟁을 하는 것도 아니며 사회운동을 하는 것도 아니다. 이 땅의 문제가 무엇이며, 그 문제의 뿌리에는 어떤 영적인 문제가 있으며, 그 문제의 근본치료는 무엇인지 알려줘야 한다. 그리고 바른 진단과 바른 해답의 길을 제시해 주어야 한다. 그것이 전문성이며 본질이다.

자녀에게 경제를 가르치자.

유대인들은 토요일마다(안식일) 회당에 모여 율법과 경제, 삶의 교육을 받는다. 그들은 한 손에는 율법을, 다른 한 손에는 경제를 붙잡으라고 교육을 받는다. 가난한 자는 축복받지 못한 사람인 것처럼 교육시키며, 어릴 때부터 경제 분야에 성공하도록 철저하게 교육시키고 있다.

유대인들은 전공과 부전공을 가르친다. 부전공은 비상시에 활용하는 것이다. 성경에 예수 그리스도 다음으로 중요한 인물은 사도 바울일 것이다. 바울의 전공은 학자이다. 그의 부전공은 천막을 만드는 것이었다. 그래서 고린도에서 천막 일을 하면서 복음을 전하기도 했다.

《예담이는 열두 살에 1,000만원을 모았어요》에 나오는 예담이는, 어릴 때부터 부모로부터 경제 교육을 받고 자랐다. 용돈을 모아서 저축하고, 인터넷 카페를 운영하기도 했다.

그렇다. 경제는 어릴 때부터 가르쳐야 한다. 어릴 때부터 근검절약하고 실물경제를 가르치자.

유대인들은 경제에 대해 3 · 3 · 4 전법을 구사한다. 즉 수입의 30%는 하나님께 헌금으로 드리고, 30%는 저축하고, 40%를 가지고 생활하는 전략이다. 그런 교육을 받고 자란 유대인들이 세계 경제를 움직인다.

우리 자녀들에게 삶의 규모, 시간의 규모, 경제의 규모를 가르치자. 균형 감각이 있는 지혜로운 자녀로, 전문성을 가진 자녀로 양육시키자. 그래서 이 사회에서 퍼스트 클래스 멤버(First Class Member)의 리더로 키우자.

Chapter 2

프로로 산다는 것

어느 분야든 프로가 있다. 인생을 살아가면서도 프로 근성이 필요하다.

《프로로 산다는 것》의 저자인 애널리스트 김영익 씨는 프로가 아마추어와 달라야 할 것과 프로의 진정한 모습을 책에서 보여준다.

그는 남들이 잠들어 있는 새벽 시간에 출근해 미주 지역과 유럽 지역 등 우리나라와 반대 지역, 반대 시간 대의 주식 시장과 경제 시장, 그리고 정치적 이슈와 경제 동향 등을 파악해 관련 분야에 대한 분석과 브리핑한 자료를 발송한다. 그 후에야 다른 사람들이 출근한다고 한다.

그가 거의 하루 일과를 끝낸 후에야 다른 사람들은 출근을 하니, 얼마나 시간활용을 잘하고 있는지 우리에게 도전의식을 일깨워주고 있다.

안석화 씨가 쓴 《너의 무대를 세계로 옮겨라》는 책을 보면, 프로가 되기 위해서는 어떤 마음과 자세, 근성을 가져야 하는지 잘 알 수 있다. 그는 '세계 시장은 동대문 시장보다 조금 더 크다' 며 전혀 두려워할 필요가 없다고 한다. 영어만 할 수 있으면 도전해볼 만한 시장이라는 것이다.

세계 시장에서는 학연이나 지연을 따지지도 않고, 따질 필요도 없다고 말한다. 즉, 어느 대학 출신이냐를 묻지도 않고, 어느 지방 출신이냐도 전혀 문제가 되지 않는다.

글로벌 시장에서는 얼마만큼 일의 성과를 낼 수 있느냐가 중요하다. 지난 몇 년 동안 어느 회사에서 어떤 성과를 얻었느냐는 결과에 대한 평가를 중요시한다. 그는 도전하라고 주문한다.

김우중 전 대우그룹 회장이 언급했듯이 "세계는 넓고 할 일은 많다". 세계 무대를 바라보자. 지금은 글로벌 시대다. 우물 안 개

구리처럼 내 지역과 내 나라 안에서만이 아니라 세계 시장을 바라보는 안목을 갖자.

경기도 성남시 모란역 앞에 자리잡은 프렌차이즈 레스토랑인 '아웃백 스테이크' 모란점의 점장인 윤옥희 씨가 아웃백 스테이크 본사에 직원으로 입사한 것이 8년 전의 일이다. 워낙 성실하게 일해 2년 전 모란에 지점이 생기면서 점장으로 발령 받았다.

현재 직원은 60여 명이다. 직원을 잘 움직이는 것에 어려움이 있으나, 모두가 즐겁고 신나는 직장 생활을 하도록, 보람을 느끼며 일할 수 있는 직장 분위기를 만들려고 노력하는 점장이다.

2000년 9월에 입사해 서울 삼성점에서 매장 음식 서빙으로 시작해 6년 만에 성남 모란점의 점장으로 발령받은 윤 씨는 직원들이 신나게 일해야 그 영향이 손님에게 미치고, 손님들이 또 오고 싶어져야 매출이 오르는 경영의 원리를 너무나 잘 알고 있다. 직원들이 신나게 일할 수 있는 분위기를 만들기 위해 게임도 하고, 효과적으로 일처리를 잘했다는 사례가 나오면 단 돈 1,000원이라도 주는 작은 이벤트도 자주 연다고 한다.

어떤 책을 즐겨 읽느냐고 물었더니, 직원들에게는 《따뜻한 카리스마》나 《배려》 같은 책을 사서 읽게 하기도 하고, 한 달에 한 번씩 독서 토론회도 연다고 한다. 그러면서도 윤 점장 자신은 리더십에 관한 책을 많이 읽는다고 한다. 경영자로서 여러 직원을 인솔해 손님들을 친절하게 섬기며 또 오고 싶은 레스토랑을 만들어야 하기 때문이다.

예를 들어보자. 아주머니 여러 명이 와서 커피 한 잔씩을 시켜놓고 오랜 시간 동안 공짜로 주는 빵만 많이 먹었다. 게다가 빵을 싸가지고 가져가려고 하자, 직원들은 불평을 쏟아내면서 못 가져가게 하려고 했다. 그 때 윤 점장은 직원을 불러서 "저 손님이 공짜라고 아무리 많이 챙겨가도 네 돈 드는 건 아니니까 모르는 척하고 많이 가져가게 두어라"고 조언했다고 한다. 직원은 윤 점장의 지시대로 했고 그 손님이 다음에는 여러 손님과 함께 찾아와 매상이 크게 올랐다고 한다.

또 어떤 남자 손님이 와서는 여기 뭐하는 곳이냐고 물어보며 맥주 한 잔만 하고 가도 되느냐고 하길래 친절하게 서빙했더니, 이 손님도 다른 많은 손님과 함께 찾아주어 단골손님이 되었다고 한다.

어떤 손님에게든 지금 당장의 매상보다는 친절하고 잘 섬겼을 때에 다음에 더 큰 매상이 생긴다는 것이다. 물론 그것만을 바라고 한 것은 아니지만 말이다.

제일 힘든 일이 어떤 일이냐고 물었더니, "여러 명의 직원들을 거느리고, 그 직원들 모두 신나게 일하고 보람을 느끼게 하는 일"이 힘들었으나 지금은 다 잘하고 있다고 한다.

손님 중에는 까다롭게 따지고 힘들게 하는 사람도 있으므로, "짜증나고 화날 때도 웃을 수 있어야 진정한 프로"라고 그는 말한다. 언제부터 그런 프로근성을 가졌느냐고 묻자, 평사원 때는 몰랐으나 리더가 되어 이끌고 나가야 하는 자리에 서고 보니 그런 프로근성이 나온다고 말했다.

남편은 삼성전자에 근무하고 있으며 6세 된 예쁜 아들도 잘 자라고 있다고 한다. 남편이 먼저 퇴근하는 경우가 많아 가사일도 많이 도와준다며 고마워했다.

아웃백 스테이크의 전국 99개 매장 중 현재 30위권에 있는 모란점이 2년 안에 10위권으로 진입하는 것이 꿈이라고 한다. 현재 모란점이 오픈한 지 2년이 지났는데 앞으로 3년간 많은 발전을 이루기 위해 오늘도 최선을 다한다고 말한다.

아들이 자라서 어떤 일을 하기를 원하느냐고 물었더니, 이 시대와 사회에 꼭 필요한 인물이 되기를 원한다고 했다. 프로로 살면서도 그 분야에 최고의 프로가 되기 위해 오늘도 최선을 다하는 윤옥희 점장과 영업점에 무궁한 발전을 기원한다.

83세 일본의 초밥왕 스키야바시 지로 씨는 세계적인 레스토랑 평가서인 〈미슐램 가이드〉에서 2007년도 세계 최고의 요리사로 선정됐다. 그는 불우한 어린 시절에 초밥집 식당에서 온갖 궂은 일을 도맡아 하며 기술을 배워, 40세 때 초밥집을 오픈해 43년째 경영하고 있는 CEO다.

초밥을 만드는데 손가락의 감각이 무디어질까봐 외출 시에는 더우나 추우나 항상 43년째 장갑을 끼고 다닌다고 한다. 또 혀의 감각을 유지하기 위해서 커피도 마시지 않는다고 한다.

'총각네 야채가게'의 사장 이영석 씨는 야채가게로 성공한 전문 경영가다. 8개의 체인점과 대졸 출신의 직원 80여 명을 거느린 이 사장은, 철저한 프로근성을 가진 전문 경영인이다. 당도가 높은 맛있는 과일을 구입하기 위한 혀의 미각을 유지하기 위해

담배도 피우지 않으며 커피와 술도 마시지 않는다고 한다.

한 번은 과일을 사간 고객이 며칠이 지난 뒤 바꾸어달라고 도로 가져왔다. 직원은 왜 며칠이 지나도록 관리를 잘못한 것을 우리 책임으로 전가하느냐며 바꾸어 줄 수 없다고 했다. 그 모습을 본 이영석 사장은 고객에게 바로 사과하며 좋은 것으로 바꾸어 주고 난 뒤, 그 직원에게 "프로는 싸우지 않는 거야"라고 일러주었다.

프로는 자신을 컨트롤 할 수 있어야 한다. 말과 행동, 자세까지도 절제된 모습으로 프로 근성을 가지고 자신만의 세계를 개척해 나가야 한다.

미국 프로 골프 선수로 활약 중인 최경주는 전남 완도 출신으로 중학교 학비를 면제해준다는 말을 듣고 역도를 시작했다고 한다. 그러나 고교 진학 후에는 골프로 종목을 바꾸었다.

1993년 프로로 전향한 후, 국내와 일본 투어에서 몇 번이나 우승을 하고 2002년 미국 PGA 투어 랭킹 3위에 올랐다. '탱크'라는 별명을 가진 최경주 선수는 연습을 많이 하기로 유명한데, 바쁜 일정 속에서도 자신이 정한 연습 목표량을 반드시 달성한다고 한다.

그동안 받은 많은 상금으로 자신의 이름을 딴 자선 재단을 만들어 어려운 사람들을 도울 계획이다. 또한 태안의 원유유출사건 때 태안 주민들에게 우승 상금 전액을 내놓기도 했다.

노래 '사랑은 아무나 하나'를 좋아한다는 최경주 선수는 그 가사를 '골프는 아무나 하나 어느 누가 쉽다고 했나'로 바꾸어 부르기를 좋아한다고 했다.

그렇다. 쉽지 않은 일을 프로 근성으로 연습하고 도전하고 또 도전해 최고의 프로의 자리에서 활약 중인 최경주 선수의 앞길에 최고의 행운이 있기를 기원한다.

2007년 남북 정상회담 때 '꼿꼿장수'라는 별명을 얻었던 김장수 전 국방장관은 육군사관학교를 방문해 840명의 생도들과 함께 식사를 같이 하며 이렇게 말했다.

"내 생애 최고의 날은 장관 시절이 아니라 앞으로 다가올 날이 될 것입니다. 여러분의 앞날도 찬란한 날이 되길 바랍니다". 이렇게 후배 생도들에게 격려하며 "자유의지로 군인의 길을 선택했으니 프로가 되라"고 당부하고, "노력과 다짐, 프로 의식이 없으면 성공할 수 없다"고 말했다.

홈쇼핑의 호스트가 고객이 사고 싶도록 설명을 잘 해주듯이 호스트 같은 교관이 되고, 부하 군인이 그 모습에 반해 행동으로 옮길 만큼의 교육을 하라고 당부했다. 군대에서도 부하 군인들을 이끌기 위해서는 프로가 될 것을 주문한 것이다.

Chapter 3

노르웨이에는 국왕과 라면왕이 있다

노르웨이 교과서에 성공한 이민자로 소개된 노르웨이 라면왕 이철호 씨는 한국전쟁 중 폭탄 파편에 맞아 오른쪽 다리를 크게 다쳤다. 17살에 치료를 위해 노르웨이로 가게 되었고, 7년 동안 수십 번의 수술 끝에 조금 절기는 해도 건강을 되찾았다.

그는 노르웨이에서 홀로서기를 위해 온갖 노력을 다했다. 언어의 장벽과 생활고 등 많은 어려움이 있었지만, 호텔의 조리사와 주방장을 거쳐서 라면 사업으로 크게 성공한 명인이다.

노르웨이에는 국왕과 라면왕 두 명의 왕이 있다고 할 정도다. 노르웨이 학교의 교과서에 성공한 이민자로 소개될 만큼 그는 노르웨이 국민들로부터 존경과 추앙을 받고 있다. 그는 자신을 낳아준 한국과, 자신을 성공시켜 준 노르웨이 양국의 발전을 위해 부산이나 인천에 노르웨이타운을 만들고자 하는 계획을 가지고 있다.

일본에 건너가서 온갖 어려움을 겪고서도 바이올린 악기를 제조해 세계적인 명성을 얻고, 일본 소학교 교과서에도 성공한 제일교포로 소개된 진창현 씨는 일제 강점기 때 일본으로 건너가 온갖 궂은 일을 다하면서도 메이지 대학을 졸업했다.

그리고 독학으로 바이올린 제조에 한 평생을 바쳐서 연구를 거듭한 끝에 1976년 미국 독립 200주년 기념으로 필라델피아에서 개최된 '국제 바이올린, 비올라, 첼로 제작자 콩쿠르'에서 6개 부분 중 5개 부분에서 금메달을 받았다.

외국인이면서 그 나라의 성공한 케이스로 국정 교과서에서 가르칠 정도라면 어느 정도 성공했으며 어느 정도 인정받는 사람인지 짐작이 가고도 남는다. 한 우물을 파라. 그리고 최고의 자리에 오르는 명인이 되자.

8명의 가족이 11개의 박사 학위를 취득한 전혜성 씨의 가족은 미국에서 성공한 케이스의 가정으로, 명인의 가문이다. 또한 강영우 박사 부부도 미국의 루즈벨트 재단에서 뽑는 127명의 명인 중에 한 명으로 들어갔다니 명인이요, 명가인 셈이다.

우리도 자신의 분야에서 명인이 되고 명가를 이루도록 하자. 명인과 명가는 그냥 되는 것이 아니고 만들어가는 것이다.

Chapter 4

네 자신이 곧 브랜드다

　요즘은 인터넷이나 통신기기의 발달로 점포나 가게 없이 인터넷으로 사업을 하는 사람들이 많아졌다. 인터넷 시장은 24시간 오픈되어 있고 시공간을 초월해 전국적으로 열려 있어 매우 유리하다. 이런 시대에 우리 자신이 브랜드가 되어야 한다. 공병호 박사도 1인 기업가로서 자신을 브랜드화할 것을 제안했다.

　이름이 곧 브랜드다. 여러분의 이름이 알려지면 그 이름의 가치가 높아지고 그 이름의 브랜드를 걸고 이익을 창출할 사업을 할 수도 있다. 브랜드화는 쉽게 이루어지는 것이 아니다. 하지만 한번 알려지면 그 가치 창출의 규모는 어마어마하다.

예를 들어 패션계의 독보적인 존재인 앙드레김이라는 이름은 너무나 유명한 브랜드다. 가요계에는 박진영의 이름을 딴 JYP엔터테인먼트와 이수만의 이름을 딴 SM엔터테인먼트가 있다. 극작가 김수현 씨 역시 그 이름 자체가 브랜드다.

당신의 전공 분야는 무엇인가? 그 분야의 전문가가 되어 당신만의 이미지를 브랜드화하라. 단순히 이름을 알리겠다고 노력하는 것이 아니라 자신의 분야에서 성실하게 최선을 다하다보면 어느 날 성공을 하고 이름도 유명해져서 하나의 브랜드가 되는 것이다.

당신 이름의 브랜드화 가능성을 한번 점검해보길 바란다. 행복과 성공을 위해, 자신의 분명한 가치관과 목표를 가지고 성실하게 살면서, 그 이름을 브랜드화하는 날이 오길 바란다.

박현주 미래에셋 사장은 국내 최초의 뮤추얼 펀드 '박현주 1호'를 탄생시키며 대한민국 펀드의 역사를 창조한 투자 승부사다. 그 누구도 생각하지 못했던 '해외 금융 수출'의 꿈을 현실로 만들고 대한민국 자본 시장의 패러다임을 뒤바꾼 최고의 금융 전략가다.

대한민국을 넘어 아시아 1위의 투자전문그룹을 꿈꾸는 박현주 사장은 대한민국 증시 파워맨 1위이고, 가장 닮고 싶은 금융 CEO다. 미래에셋을 통해 수많은 사람들이 수익을 얻고 있으며, 박현주 사장이 총리가 되어 경제를 일으켰으면 좋겠다고 말하는 사람도 있다.

그가 쓴 《돈은 아름다운 꽃이다》라는 책을 읽으며 나는 박현주 사장을 더욱 존경하게 되었다. 돈을 잘 벌어서 아름답게 쓰자는 박현주 사장의 생각에 많은 감동을 받았다. 우리 젊은이들이 그처럼 세계적인 안목을 가지고 글로벌 인재로 거듭났으면 좋겠다. 박현주 사장이야말로 그 자신을 브랜드화한 대표적 인물이다.

(주)남이섬을 운영하는 강우현 사장은 남이섬을 브랜드화하는 데 성공한 전문 CEO다. 대학 재학 중 남이섬으로 수련회를 갔던 것이 남이섬과의 인연이 되었다고 한다.

남이섬은 1990년대 경영 악화로 도산 위기에 처했다. 연 매출 20억 원에 부채가 60억 원에 달했다. 낡은 시설과 바가지요금이 경영 악화와 부채, 부실 경영의 원인이 되었다.

그런 가운데 2000년 마지막 날, 그는 가족과 함께 남이섬에 들렀다가 평소 알고 지내던 남이섬의 오너로부터 경영을 맡아달라는 부탁을 받았고 경영에 뛰어들어 적자의 남이섬을 명품섬으로 브랜드화시키는 데 성공했다.

얼마 전 드라마 '겨울연가' 의 촬영지로도 유명한 남이섬에 들러보았다. 지금도 많은 관광객들이 찾고 있으며 곳곳에 다양한 볼거리가 마련되어 있었다. 강 사장은 홍대 미대 출신으로서 끊임없이 아이디어를 창출했다. 전문 경영인으로 남이섬도 브랜드화했지만 강 사장 자신도 브랜드화하고 있다.

인천 국제공항 청사 이재희 사장은 다국적 기업의 CEO로서 20여 년간 기업을 이끌어온 전문 경영인이다. 1947년 부산에서 출생한 그는, 부산대를 졸업한 공인회계사 1기 출신이다. 1970년 프라이스워터하우스 컨설턴트를 시작으로 1978년 만 31세의 젊은 나이에 하얏트 리젠시 서울의 관리이사로 부임하면서 경영인으로 첫 발을 내딛었다.

이후 TNT EXPRESS의 한국 지사장, 극동담당사장, 아태지역 수석 부사장, 북아시아 지역 사장과 유니레버 코리아 대표이사

회장을 거쳤다.

이재희 사장을 소개할 때는 항상 '위기 돌파형 리더' 또는 '모험을 선호하는 CEO' 라는 수식어가 따라붙는다.

그는 2005년 인천국제공항 청사 사장으로 자리를 옮기면서 또한 번 새로운 모험을 시작했다. '세계 초일류 허브 공항' 이라는 비전으로 혁신적인 경영에 나섰다. 그 결과 2005년과 2006년, 2007년 3년 연속 세계 최우수 공항 친절 서비스 상을 수상하는 등 쾌거를 이룩했다.

앞으로도 계속 최고의 자리를 지켜주기를 바란다.

또 다른 전문 경영인을 소개하고자 한다.

리드팜 주식회사, 이에스 산전회사, 이텍스 제약회사, 에셀텍 주식회사를 경영하는 고진업 회장은 강원도 산골 출신이다. 어려운 가정환경으로 고학을 했으며 일찍부터 약국 경영과 더불어 의약품 도매업에 뛰어들었다.

의약품계에서는 전설적인 인물로서 전문 경영인이자 CEO다. 또한 전국의 병원과 약국을 순회하면서도 어렵고 소외된 이웃을 찾아다니며 봉사활동을 하는 자선가다.

강연과 세미나 인도로 불철주야 눈코 뜰 새 없이 바쁜 가운데서도 꼭 도와야 할 어려운 이웃이 있으면, 오른손이 하는 것을 왼손이 전혀 모르게 구제하고 선행하는 분이다.

도매약품업 선교회를 결성해 매년 사랑의 음악회를 개최해 수입금으로 아프리카의 에이즈 성금으로 후원하기도 하며 결핵 퇴치 비용으로 성금을 전달하기도 한다. 또한 어려움에 처한 탈북자들을 돕기도 하는 등 오로지 선한 사업에 헌신하는 CEO다.

고진업 회장과 더불어 기독교 신앙인으로 모인 도매약품업 선교회 회원들은 매월 모두가 고 회장과 같은 마음으로 회비를 모아서 소외된 이웃을 돕는 일에 봉사하고 있다.

어려운 환경을 신앙과 근면, 성실로 극복하고 자수성가한 이후 전문 경영인으로서 섬기며 봉사해 다음 세대를 이어갈 후대 사역에 모든 정열을 다 쏟아 붓는 고진업 회장에게 경의의 박수를 보낸다. 그는 제약 유통업계의 전설적인 인물일 뿐만 아니라 신앙생활에도 본이 되어 교회의 장로로서 세미나를 인도하는 전문인이자 브랜드화된 경영인이다.

인천 병방동에서 한의원을 경영하는 권진혁 원장은 다른 사람이 경영하다 운영이 안 되어 포기한 것을 인수해 경영하는 전문 한의원 원장이다. 인수한지 1년 만에 손님들이 줄을 서서 진료를 기다리는 한의원으로 탈바꿈시킨 경영인이다.

똑같은 전공의가 경영하는데 왜 어떤 사람은 실패하고 어떤 사람은 성공하는가?

그것은 바로 전문성의 차이이며, 친절과 효과의 차이다.

권 원장은 한의원을 성공적으로 경영하면서 앞으로 한방종합병원을 경영할 꿈을 꾸고 있다. 세계에서 제일가는 한방병원 경영의 꿈을 꾸며 그 꿈을 이루기 위해서 고객 한 사람, 한 사람에게 최선을 다하고 있다.

그는 또한 한방종합병원을 경영하며 많은 일을 할 수 있게 되었을 때, 자라나는 후대들을 전문인으로 양육한다는 세계 선교의 비전을 가진 전문인이다.

젊은 나이에 교회의 장로가 되어 세계적인 비전을 가지고 주어진 환경에서 최선을 다하는 권 원장. 그는 전문가이자 성공한 원장이 되어 젊은 인재를 키우며 후대를 위해 봉사하겠다며 자신을 낮추는 사람이다.

많은 사람들이 그를 따른다. 탈북자와 어려움에 처한 사람들이
아픈 몸으로 진료를 받으러 오면 무료로 봉사하는 사람이니 사람
들이 그를 좋아하고 따르는가보다. 어쨌든 브랜드화에 성공한 젊
은 CEO임에는 틀림없다.

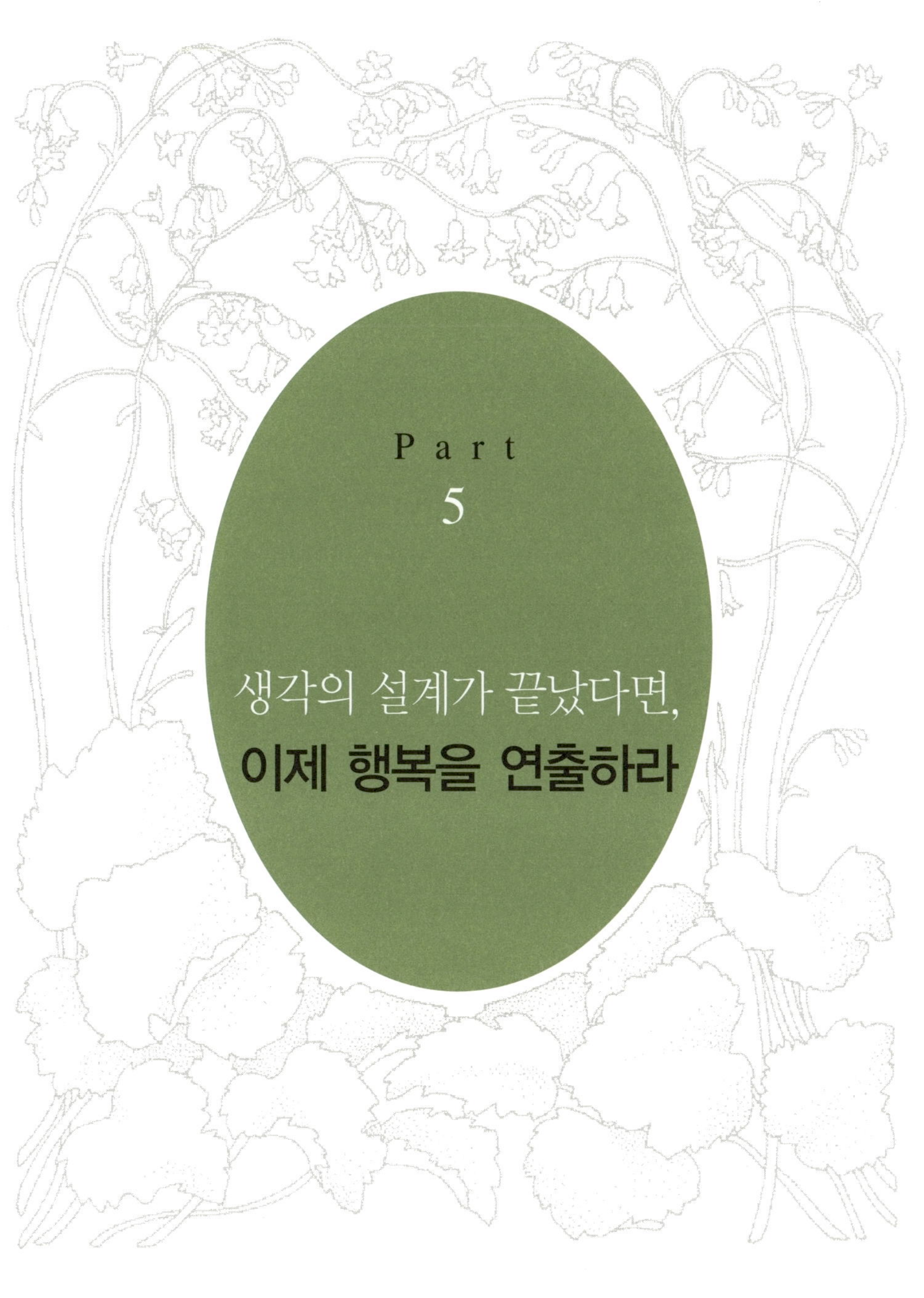
Part
5
생각의 설계가 끝났다면,
이제 행복을 연출하라

행복연출가가 되라

피스메이커냐, 트러블메이커냐?

소중한 만남

사주팔자에서 해방되는 길

Chapter 1

행복연출가가 되라

　우리는 모두 내 인생의 주인공으로 살고 있다. 그 누구도 나를 대신해 살아줄 수 없다. 다른 사람이 나를 대신해 밥을 먹어준다고 나의 허기를 해결할 수가 없듯이, 내가 목마른데 다른 사람이 나 대신 물을 마셔줌으로 갈증이 해결될 수 없듯이, 내 인생은 그 누구도 대신해 살아줄 수가 없는 것이다.

　자신의 인생은 스스로 만들어가야 한다. 성경을 보면 하나님은 절대자이며 초월자이며 창조자이자 전능자이다.

　헬라어로는 하나님을 알파와 오메가라고 하며, 이는 처음과 나중이며 시작과 끝을 의미한다. 알파라는 단어는 첫째라는 뜻이다. 그리고 오메가는 마지막이자 끝이라는 뜻이다.

우리를 태어나게 하신 분은 하나님이며 마지막에 숨을 거두어 가시는 분도 하나님이다.

물론 우리의 육신은 부모님을 통해 이 땅에 태어난다. 그러나 우리가 어머니 태중에서 만들어지기 전부터 하나님은 우리를 아셨고, 조성하셨다고 하신다.

하나님을 A, 즉 알파의 약자 A라고 한다면 우리 인생은 무엇일까? 인생은 'B와 D 사이의 C와 G' 라고 할 수 있다.

B는 Birth, 생일이며 출생을 의미한다.

D는 Death, 죽음을 의미한다.

C는 Choice, 선택을 의미한다.

G는 Guidance, 인도, 안내를 의미한다.

성경은 먼저 예수 그리스도를 믿고 하나님의 자녀가 되라고 말씀한다. 예수를 믿고 하나님의 자녀가 되면 우리 속에는 보이지 않지만 영혼이 있고 정신이 있듯이, 하나님의 영이신 성령께서 내 영혼 속에 와 계신다고 하신다. 이것을 가리켜 성령 내주라고 하며, 구원받았다고 한다.

구원 받은 자의 속에는 하나님의 성령이 와 계시며, 성령의 인도를 받으라고 하신다. 성경 잠언 3장 5~7절을 보면 '네 경험과 네 지식을 의지해 살지 말고 범사에 하나님의 인도를 받으며 살라' 고 말씀하신다. 또, 예수 믿는 자의 속에 와 계신 성령은 '가르쳐주고 생각나게 하시며 인도하신다' 고 하셨다(요14:26).

Guidance. 이는 인도받는 것을 의미한다. 하나님의 인도를 받으면 잘 될 수밖에 없다. 성경 창세기 13장을 보면, 아브라함과 그의 조카 롯이 서로 목축지를 놓고 갈등하게 되었을 때, 아브라함은 하나님의 인도를 받아 완전히 성공하고 롯은 스스로 선택해 실패하는 장면이 소개되고 있다. 우리가 하나님의 인도를 받으면 나중에 반드시 성공하게 된다.

Birth. 즉 우리의 출생은 우리 마음대로 할 수 없는 일이다. 내가 태어나고 싶어 태어난 것도 아니고, 부모를 내가 선택한 것도 아니다. 부모, 형제, 성, 혈액, DNA, 키, 출생 지역, 출생 시기 등은 나의 선택이 아니다. 이것을 '피투성 존재' 라고 하는데 나의 의사와 상관없이 던져진 존재, 태어난 존재, 현존하고 있는 존재를 말한다.

Death. 죽음은 우리가 알 수 없다. 언제 어떤 일로 어떻게 죽을지 우리는 모른다. 그러나 성경 히브리서 9장 27절을 보면 하나님은 이미 우리의 죽는 날을 다 정해 놓으셨다고 증거하고 있다. 언젠가는 가기 싫어도 가게 되어 있다. 미리 죽으려고 애쓸 필요가 없다. 생명은 우리의 몫이 아니다. 하나님이 주신 생명을 내 스스로 파괴하는 것은 큰 죄악이다.

Choice. 이것은 매일 내가 선택하며 살아가야 하는 것을 의미한다. 일찍 일어날 것이냐 늦게 일어날 것이냐? 일어나면서 TV부터 볼 것인가 아니면 기도부터 할 것인가? 신문부터 볼 것인가, 운동부터 할 것인가? 오늘 하루도 아주 가치 있고 성실하게 살 것인가, 나태하고 게으르며 아무런 가치 없이 하루를 살 것인가? 동료들이나 팀원들에게 사랑을 주며, 친절을 베푸는 뜨거운 동료애로 지낼 것인가? 아니면 일정한 거리를 두고 마음의 문을 닫고, 모르는 체하며 지낼 것인가?

이 모든 것은 나의 선택에 달려 있다. 선택을 잘해야 한다. 선택이 하나하나 쌓여서 성공이 되기도 하고 실패도 되기 때문이다. 당신이 기독 신앙인이라면 선택보다는 먼저 기도하고 응답에 따라 움직이는 것이 좋다.

왜냐하면 내가 10년 애쓰는 것보다 하나님이 한순간에 응답 주시는 것이 더 빠를 수가 있기 때문이다. 굳이 선택해야 한다면 복음에 유익한 쪽으로 선택해 나가면 된다. 선택보다는 가이던스, 즉 인도받기를 힘쓰라.

선택은 전적으로 나의 몫이다. 이 선택들이 쌓여서 1년, 2년, 3년, 10년, 20년, 30년이 되고 일생이 되는 것이다. 선택은 전적으로 자기 자신에게 달려있다. 그 결과도 선택에 대한 결과이다. 당신의 오늘은 어제와 지난날의 선택의 결과이다.

당신은 지금 행복하고, 여유 있고, 풍요롭고, 즐겁고, 기쁘게 살고 있는가? 그것은 어제와 지난날의 당신 선택의 결과이다. 반대로 오늘 우울하고, 불행하고, 속상하고, 슬프고, 괴로운 삶을 살고 있는가? 그것 역시 어제와 지난날 당신이 한 선택의 결과이다.

과거는 돌이킬 수 없다. 이미 지나가버렸다. 후회해도 소용없다. 그러나 내일과 미래는 나의 선택에 달려있다. 오늘 내가 어떻게 사느냐에 따라서 내일이 결정되고 미래가 결정되기 때문이다.

지금보다 더 밝은 미래를 원하는가? 그렇다면 오늘을 밝게 살자. 지금을 잘 살면 밝고 희망찬 미래가 보장된다.

인생 드라마의 연출가가 되라.

우리 모두는 자기 자신의 인생 드라마를 만들어가는 연출가다. 방송국의 작가나 PD는 다른 사람의 이야기를 드라마로 만들어 방송한다. 그러나 우리 모두는 자기 자신의 이야기를 드라마로 연출하는 연출가다. 왜냐하면 그 누구도 나의 인생을 대신 살아줄 수가 없기 때문이다.

좋든 싫든 내 인생은 내가 살아가야 한다. 기왕이면 행복 드라마를 연출하며 살아가자. 사랑하면서 살아도 짧은 인생이다. 인생은 빠르게 지나간다. 성경은 풀의 꽃과 같은 인생이라고 말한다. 목련은 예쁘게 피지만 며칠 만에 금방 져버린다. 벚꽃과 진달래, 개나리도 흐드러지게 피지만 금방 져버리듯이 우리 인생도 빠르게 지나가 버린다.

짧은 인생을 웃으며, 사랑하며, 행복하게 만들며, 연출하며, 연기하며, 즐기며 살자. 잠시 살아가는 짧은 인생을 인상 쓰며, 저주하며, 증오하며, 불행한 드라마로 만들어 괴로워하며 살 필요가 있을까.

나는 행복 드라마를 만들어가는 행복연출가인가? 아니면 우울 드라마를 만들어가는 불행연출가인가?

우리 모두는 작사·작곡·노래하는 가수다. 자신의 인생을 작사·작곡하고 노래하는 가수인 셈이다. 기왕이면 밝게, 우아하게, 희망차게, 아름답게 작사·작곡·노래하자.

밝고 아름다운 노래를 부르기도 짧은 인생을 우울하고, 어둡고, 고독한 절망의 노래를 지어 부르며 울면서 살 필요가 있을까? 지금 비록 역경 가운데 있을지라도 인내하고 도전하면 밝고 희망찬 아름다운 미래를 보장 받을 수 있다. 밝은 내일을 바라보며 희망의 송가를 지어 부르자.

'인생은 미완성. 부르다 마는 노래. 그래도 우리는 아름답게 불러야 해' 라는 노래 가사처럼 아름다운 노래, 희망의 노래를 부르자.

'사노라면 언젠가는 밝은 날도 오겠지. 흐린 날도 날이 새면 해가 뜨지 않더냐. 새파랗게 젊다는 게 한 밑천인데. 째째하게 굴지 말고 가슴을 쫙 펴라. 내일은 해가 뜬다, 내일은 해가 뜬다.'

'쨍하고 해 뜰 날 돌아온단다' 는 노래도 있지 않은가. 밝은 노래를 부르자. 희망의 노래를 부르자.

우리 모두는 화가들이다. 풍경화나 다른 어떤 인물을 그리는 것이 아니라 자기 자신의 자화상을 그리는 화가들인 셈이다.

내 자신의 일대기를 한 폭의 그림으로 남긴다고 가정해보자. 밝고 아름답고 우아한 그림을 그러갈 것인가? 아니면 어둡고 의미도 없으며 재미도 없는 그림을 그려갈 것인가? 이는 전적으로 나 자신에게 달려있다. 왜냐하면 내 인생은 그 누구도 대신 살아줄 수 없기 때문이다.

기왕이면 꽃이 피고, 나비가 날고, 운치가 가득한 멋지고 아름다운 그림을 그리자.

우리 모두는 건축 설계사이며 건축가다. 멋진 일생을 건축하는 것이 목표다. 건물을 건축하기 위해서는 먼저 설계를 해야 한다. 내 땅이니까, 내 인생이니까 내 맘대로 아무렇게나 건물을 지어도 되는 것이 아니다.

올바른 생각의 설계가 필요하다. 이는 곧 인생의 설계다. 다시 말하면 태어나서 어떤 목표를 세우고, 그 목표를 이루기 위해서 무엇을 어떻게 해나갈 것인가 하는 설계도가 나와야 한다. 인생의 마스터 플랜(Master Plan)이 나와야 하는 것이다.

아름답고 멋진 인생 설계도를 그리자. 그래야 멋있는 건축물을 세울 수 있다. 내부는 최고의 인테리어로 빛을 내고, 현관 앞에는 푸른 정원을 깔자. 건물 벽에는 무지개와 파랑새도 그리자. 무너져가는 불량 건축물을 세우고 싶은가? 절대로 아닐 것이다. 아름다운 건물을 세우는 인생설계사가 되자.

행복을 연출하는 것도, 불행을 연출하는 것도 결국은 스스로에게 달려있다. 행복을 꿈꾸고 행복을 상상하라. 그리하면 행복은 메아리가 되어 자신에게 되돌아올 것이다.

사람은 밥을 먹어야 하고, 일해야 하며, 사회와 가정의 일원으로서, 조직의 일원으로서 더불어 살아가야 한다. 내 자신이 밝고, 즐겁고, 행복하면 가족이 행복해진다. 이웃이 행복해진다. 조직이 밝아진다. 사회가 밝아진다.

어둡고, 우울하고, 슬프면 나만 손해다. 스트레스가 쌓이면 병이 된다. 하루하루 감사하는 마음으로 살자. 사랑하며, 베풀며, 행복을 연출하며 살자.

당신은 오늘도 당신의 자서전을 쓰는 작가로 살아가고 있다. 당신은 당신의 인생 드라마를 연출하며 살아가는 연출가다. 당신

은 당신의 자화상을 그리는 화가다. 당신은 당신의 인생을 건축
하는 건축가다. 당신은 당신의 인생을 작사·작곡·노래하는 가
수다.

문제는 아름답고 멋있게 연출하며 살아가느냐, 아니면 어둡고,
지저분하고, 흉하게 살아가느냐다.

나는 오늘도 악기를 집어든다. 내 인생이라는 아름다운 음악을
연주하기 위해.

나는 오늘도 붓을 든다. 내 아름다운 자화상을 그리기 위해.

나는 오늘도 원고를 쓴다. 내 인생 드라마의 멋진 시나리오를
쓰기 위해.

나는 오늘도 설계도를 그린다. 내 인생의 웅장한 건축물을 세
우기 위해.

나는 오늘도 행복의 미래를 꿈꾼다. 꿈은 반드시 이루어지게
된다.

행복을 연출하라. 당신과 당신 주변 사람을 위해. 행복을 퍼뜨
리는 바이러스의 축복의 언어를 사용하라! 행복의 향기를 퍼뜨리

라! 그리하면 나비와 꿀벌이 향기 나는 꽃으로 몰려오듯이 사람
들이 당신에게로 몰려올 것이다.

여기 내가 좋아하는 글 세 편을 싣는다.

징기스칸의 충고

집안이 나쁘다고 탓하지 말라.
나는 아홉 살에 아버지를 잃고 마을에서 쫓겨났노라.

가난하다고 탓하지 말라.
나는 들쥐를 잡아먹으며 연명했고
목숨을 건 전쟁이 내 직업이었고 내 일이었노라.

작은 나라에서 태어났다고 탓하지 말라.
나는 그림자 말고는 친구가 없었노라.
그러나 병사로만 십만이었고
백성은 어린아이와 노인까지 합쳐서 이백만도 되지 않았노라.

배운 게 없다고 탓하지 말라.
나는 내 이름도 쓸 줄 몰랐으나

남의 말에 귀 기울이면서 현명해지는 법을 배웠노라.

너무 막막하다고 그래서 포기해야겠다고 말하지 말라.
나는 목에 칼을 맞고도 탈출했고
뺨에 화살을 맞고 죽었다가 살아나기도 했노라.

적은 밖에 있는 것이 아니라 내 안에 있노라.
나는 내게 거추장스러운 것을 깡그리 쓸어버렸다.
나를 극복하고자 나는 태무진이라는 이름 대신 징기스칸이 되었노라.

내 인생의 가을이 오면　윤동주

내 인생의 가을이 오면 나는 나에게 물어 볼 몇 가지가 있습니다.
내 인생의 가을이 오면 나는 나에게 사람들을 사랑하였는지 물어볼 것입니다.
그 때 나는 가벼운 마음으로 대답하기 위해 지금 많은 이들을 사랑하겠습니다.

내 인생의 가을이 오면 나는 나에게 열심히 살았느냐고 물을 것입니다.
그 때 나에게 자신 있게 말할 수 있도록 하루하루를 최선을 다해 살아야겠습니다.

내 인생의 가을이 오면 나는 나에게 사람들에게 상처를 주지 않았느냐고 물을 것입니다.

그 때 대답하기 위해 사람들에게 상처를 주는 말과 행동은 하지 말아야겠습니다.

내 인생의 가을이 오면 나는 나에게 삶이 아름다웠느냐고 물을 것입니다.

나는 그 때 기쁘게 대답하기 위해 내 삶의 날들을 기쁨으로 아름답게 가꾸어 나가겠습니다.

내 인생의 가을이 오면 나는 나에게 부끄럼 없이 살았느냐고 물을 것입니다.

그 때 반갑게 말할 수 있도록 지금 좋은 가족의 일원이 되도록 가족을 사랑하고 효도하겠습니다.

내 인생의 가을이 오면 나는 나에게 물을 것입니다.

이웃과 사회와 국가를 위해 무엇을 하였느냐고 물을 것입니다.

나는 그 때 힘주어 대답하기 위해 지금 이웃에 관심을 가지며 좋은 사회인으로 살아야겠습니다.

내 인생의 가을이 오면 나는 나에게 물을 것입니다.

어떤 열매를 맺었느냐고 물을 것입니다.

내 마음 밭에 좋은 생각의 씨를 뿌려 좋은 말과 좋은 행동의 열매를 부지런히 키워야겠습니다.

춤추라. 아무도 바라보고 있지 않은 자처럼
사랑하라. 한번도 상처 받지 않은 자처럼
노래하라. 아무도 듣고 있지 않은 자처럼
일하라. 돈이 필요하지 않은 자처럼
살라. 오늘이 마지막 날인 것처럼

Chapter 2

피스메이커냐, 트러블메이커냐?

성자 프란시스코는 "주여! 나를 평화의 도구로 써 주소서!"라고 말했다. 분쟁이 있는 곳에 중재자로 나타나서 화해시키고 분위기를 평화롭게 변화시키는 사람이 바로 피스메이커다.

피스메이커는 생각이 긍정적이고 상대편에서 이해하려고 애쓰고 배려한다. 그렇기 때문에 상담자나 평화를 위한 중재자 이상의 역할을 하게 된다. 유엔이나 적십자가 피스메이커의 대표적인 예다.

가정에서 고부간의 갈등으로 힘들어하는 경우를 종종 보게 된다. 이 때문에 부부가 이혼을 하기도 한다. 이런 상황에서 시누이 같은 사람이 이간질을 하는 역할을 하면 결국 걷잡을 수 없는 상황까지 만들 수도 있다. 하지만 반대로 서로의 입장을 옹호하며 '사랑하는 사람의 부모이니 혈육과 같다' 는 생각을 갖게 되면 문제는 간단히 해결된다. 가족 누군가가 피스메이커 역할을 한다면 한 가정을 지킬 수도 있다.

사회에서도 마찬가지다. 경쟁사회이기에 조금만 문제가 생겨도 금방 갈등 국면으로 들어가 서로를 불신하고 원망하며 조직의 와해를 조장하기도 한다. 그때 이해와 화해의 중재자, 즉 피스메이커 한 사람의 역할이 너무나 중요하다. 그 사람이 곧 행복연출가인 셈이다.

트러블메이커 한 사람이 조직에 들어오면 불신과 갈등을 조장해 서로 상처를 입히고 평화롭던 조직의 분위기를 와해시킨다. 그런 사람은 이곳저곳으로 말을 옮겨 이간질을 하는데, 그가 가는 곳마다 사람들이 고통 받고 조직이 시끄러워진다.

처음에는 권모술수가 통하는 것 같지만, 트러블메이커의 이중플레이는 결코 오래가지 못한다. 얼마 지나지 않아 그의 이중인격이 드러나고 갈등 제공자임이 밝혀져 설 자리를 잃게 된다. 이러한 트러블메이커는 되지 말아야 한다. 피스메이커가 되어 남의 허물을 덮어주고 남을 세우는 역할을 하는 사람이 복이 있는 사람이다.

구약성경에 나오는 노아가 어느 날 포도주를 과하게 마시고 취해 옷을 벗고 잠드는 실수를 했다. 그 허물을 말하고 드러낸 함이라는 아들은 저주를 받았고, 그 허물을 덮어준 셈과 야벳은 축복을 받았다. 또 노예 출신으로 이집트의 총리까지 된 요셉을 어린 시절에 죽이려고 했던 형들을 설득해 살린 유다는 왕족이 되는 축복을 받았다.

늘 남을 험담하고 트러블메이커 역할을 하는 사람은 반드시 그 말로가 좋지 않고 자녀들은 실패하게 된다. 그러나 남을 살리고 돕고 평화롭게 하려고 애쓰는 피스메이커는 반드시 잘 되고 축복받는다.

행복연출가가 되기를 원한다면 피스메이커가 되라.

성경 잠언 26장 20절을 보면 이런 말씀이 나온다. '나무가 다하면 불이 꺼지고 말쟁이가 없어지면 다툼이 쉬느니라.' 성경 잠언 25장 11절에는 '경우에 합당한 말은 아로새긴 은 쟁반에 금 사과나라' 라는 말이 있다.

말쟁이가 되어 온갖 다툼과 분쟁의 원인 제공자가 되지 말자.

Chapter 3

소중한 만남

사람은 태어나면서부터 죽을 때까지 수없이 많은 사람과 만나고 헤어지며, 그 사이에서 인간관계를 형성하며 살아간다. 태어나서 부모를 먼저 만나고, 학교생활을 통해 선생님과 친구를 만난다. 또 인생에서 가장 중요한 배우자를 만나게 된다.

부모와의 만남은 나의 의사와 상관없는 운명적인 것으로서 '피투성존재(被投性存在)'라고 한다. 그리고 친구나 배우자처럼 내 선택의 결과로 만나는 것을 '기투성존재(企投性存在)'라고 한다. 어떤 사람을 만나 어떤 관계를 맺고 사느냐 하는 것은 너무나 중요하다.

만약 청소년 시기에 좋지 않은 친구를 만나서 가까이 지낸다면 나쁜 영향을 받을 수밖에 없다. 친구가 마약을 한다면 그 영향을 받을 수밖에 없다. 좋은 만남은 좋은 결과를 낳고 나쁜 만남은 나쁜 결과와 후유증을 낳게 될 것이다. 사람과의 만남과 그 결과에 대해 살펴보자.

우선 도산 안창호 선생과 남강 이승훈 선생의 만남을 알아보자.

이승훈 선생은 일제 시대에 천민 가정에서 태어나 별로 배우지도 못하고 자랐다. 장사해 부자가 되면 상민에서 양반으로 신분 상승을 할 수 있다고 생각하고 이 마을 저 마을로 놋그릇 보따리 장수를 다녔다.

그러던 어느 날 우연히 안창호 선생의 강연을 듣게 되었다. 왜 우리나라가 일본에 억압당하게 되었는지, 앞으로 어떻게 해야 하는지에 대한 내용에 큰 감명을 받고 안창호 선생을 만나 가르침을 받게 되었다. 우리나라가 주권을 빼앗기고 국운이 기운 것은 백성들이 무지해서이니 교육을 통해 정신을 일깨우는 운동이 무엇보다 중요하고 시급하다는 것이었다.

이때부터 이승훈은 자신이 평생 해야 할 사명을 깨닫게 되었고 교육 사역에 뛰어들었다. 일평생 보따리장수로 살다갈 이승훈이라는 사람이 안창호 선생을 만나면서 새로운 인생을 살기 시작한 것이다. 그리해 독립운동가이자 교육사로, 역사에 남는 위대한 인물이 될 수 있었다. 소중한 만남으로 인생이 바뀐 것이다.

이승엽 선수와 백인천 감독의 만남도 좋은 예다.

이승엽 선수는 홈런을 잘 쳐서 국민타자로 불린다. 그가 훌륭한 선수가 될 수 있었던 것은 백인천 감독을 만났기 때문이라고 할 수 있다. 이승엽 선수가 백인천 감독을 만나서 타격을 배울 때 "너는 일본에서도 잘 할 것"이라는 격려를 많이 해주었는데 그런 백 감독의 말이 현실이 되었다.

높은 꿈을 갖도록 격려해 주고 희망을 준 것이 이승엽이라는 세계적인 선수를 탄생시킨 것이다. 참으로 멋진 만남이다. 이승엽 선수는 오늘의 자신이 있게 된 것은 백인천 감독을 만나서 지도를 받았기 때문이라며 감사해하고 있다.

예수님과 베드로, 바울의 만남 또한 소중한 만남이었다.

성경에는 베드로를 예수의 수제자로 중요하게 기록하고 있다.

원래 베드로의 이름은 시몬이었는데 예수님께서 '반석'이란 뜻의 베드로라는 이름으로 바꾸어주셨다. 베드로는 원래 이스라엘의 갈릴리 호숫가의 벳세다 마을 출신의 어부였다. 그러나 예수님을 만나고 제자가 되어 엄청난 일을 해낸 훌륭한 사람이 될 수 있었다.

베드로는 예수님께서 중요한 일이 있을 때마다 특별히 데리고 다니면서 훈련한 인물로 초대 교회를 이끈 지도자로서 사도행전에 중요하게 소개되고 있다. 베드로는 고기 잡는 어부로 살다가 일생을 마칠 뻔한 사람이었으나 예수 그리스도를 만난 후 초대 교회와 교회사에 중요한 인물이 되었다.

바울은 어릴 때부터 공부를 잘했고 유대인 바리새파의 총망 받는 젊은 학자였다. 그리고 예수님을 만나고 나서 성경을 열네 권이나 기록한 교회사에서 아주 중요한 사람이 되었다. 성경에는 바울만큼 귀하게 쓰임 받은 사람이 없을 정도다.

바울도 처음에는 예수님이 이단인줄 알았고 예수를 믿는 사람을 붙잡아 처형하는 것이 하나님이 기뻐하시는 일인 줄 오해했다.

그는 초대 교회 당시에 젊은 바리새인 지도자로서 대제사장의 체포 영장을 받아 크리스천들을 잡으러 갔다. 하지만 밝은 빛을 보면서 사흘간 실명하게 되었고 예수님의 음성을 들었다. 그 후 그는 예수그리스도의 사도가 되어 세계 선교여행을 세 차례나 다니면서 세계복음화의 발판을 놓는 교회사에 위대한 인물이 되었다. 바울이 가는 곳마다 신실한 제자들과의 만남이 이뤄졌고, 바울의 제자가 된 사람들 또한 중요한 일들을 많이 하는 축복된 만남을 경험했다.

이제 나와 류광수 목사님과의 만남에 대해 얘기해 보려 한다.

나는 중·고등학교 과정을 검정고시로 마쳤고 대신대학과 총신대학원을 졸업하고 목회자가 되어 도시 빈민선교를 했다. 그 과정에서 많은 고생을 하며 어려움을 겪는 중에 이웃 교회의 세미나에 참석하게 되었고, 그때 강사로 오신 류 목사님을 처음 만났다. 이 때가 1993년도였다.

사실 신학교를 졸업하고 목회를 하고 있으면서도 영적인 문제는 잘 몰랐었다. 사탄이나 마귀, 귀신이 무엇인지 희미하게만 알고 있었다. 그랬던 영적 세계가 류 목사님을 만나면서 선명하게 정리되었다. 왜 사람들이 정신적으로 시달리는지, 사탄이라는 존재는 무엇인지, 왜 사람들이 점을 보고 굿을 하는지, 운명과 사주팔자가 무엇인지를 알게 된 것이다.

어릴 때부터 아버지는 늘 술에 취해 계셨고, 귀신이 보인다며 귀신과 대화를 나누곤 하셨다. 그때는 그런 모습이 이해가 되지 않았었다. 그런데 류 목사님의 다락방 전도세미나에 참석하면서 영적 사실들을 구체적으로 알게 되었다.

빈민선교를 한다면서 정작 내 자신은 끼니 걱정을 해야 할 만큼 가난한 목회 생활을 했었다. 비가 새고 쥐가 다니는 작은 무허가 집에서 7년 반 동안이나 살았다. 그런 내가 류 목사님의 세미나를 통해 나의 가문에 눈에 보이지 않게 역사하며 실패를 만들어 내는 흑암의 세력이 있음을 알게 되었다. 그리고 예수 그리스도가 그 모든 문제를 해결하러 오신 분임을 정확하게 알게 되었다.

그 이후 나의 삶에는 그야말로 하늘과 땅처럼 엄청난 변화가 일어났다. 정부 종합청사의 여러 신우회에서 3년가량 예배 인도를 했고 서울의 여러 신문사와 방송국의 언론인들에게 복음을 전하며 여러 사람들을 섬길 수 있었다.

나의 형편으로는 도저히 만날 수 없는 고급 공무원들과 언론인들, 연예인들, 교수, 법조인, 장군 등 수많은 사람들이 영적인 사실에 대해 듣기를 원했다. 새마을 열차도 못 타봤던 내가 비행기

를 타고 세계 40여 개국의 50여 도시를 돌아다니며 활동할 수 있
게 되었다.

어느 해는 일 년의 절반 동안을 해외에서 세미나와 선교를 하
기도 한다. 내가 이런 일에 쓰임 받게 된 것은 류광수 목사님을
만나 정확한 복음을 듣고 전도의 눈이 열렸기 때문이다. 류 목사
님을 만날 수 있었던 것은 행운이었다. 내 인생의 터닝 포인트가
되었기 때문이다.

안양 동부교회 김동권 목사님과의 만남도 내 인생의 중요한 만
남이다. 그분은 지금도 나의 멘토로 늘 힘을 주신다. 복음을 전하
며 만난 여러 중요한 분들과의 만남이 내가 세계를 향해 뛸 수 있
는 발판이 되었다. 만남은 이처럼 중요하다.

그리고 내가 가장 힘들 때 몇 년씩 도움을 주셨던 고진업 장로
님과의 만남도 잊을 수 없다. 도매 약품업을 하면서 에셀텍 증권
회장이신 고진업 장로님은 교회에서도 많은 헌신을 하지만 드러
나지 않게 어려운 사람을 많이 돕는 분이다. 말없이, 표 없이 섬
기는 리더십을 가진 고진업 회장님과 만나게 해주신 것에 감사드
린다.

만남을 소중히 하자. 스치듯 지나가는 만남도 있고 상처를 남기는 아픈 만남도 있다. 가능하면 좋은 만남을 갖도록 하자. 그러면 어떻게 좋은 만남을 가질 수 있을까?

성경 마태복음 7장 12절을 보면 '섬김을 받으려거든 먼저 섬기고 대접하라'는 말씀이 있다. 나는 이 성경 구절이 모든 인간관계의 성공 키워드라고 생각한다. 먼저 주면 더 많은 것을 얻게 된다.

지금도 주변에는 축복의 사람들이 많이 와 있다. 먼저 손 내밀고 다가가서 섬기고 사귀며 좋은 만남을 갖자. 성공한 사람들은 주변에 많은 좋은 사람들과 인맥을 이루고 있다. 인간관계에서 성공한 사람들이다.

만남의 축복, 만남의 성공 비밀을 누리자.

Chapter 4

사주팔자에서 해방 되는 길

많은 사람들이 자신의 운명과 미래를 궁금해한다. 그래서 점을 치거나 철학관을 찾아가기도 한다.

"나는 아무것도 믿지 않고 내 인생은 내가 산다"고 하는 사람도 많이 있다. 그러나 우리가 살아가면서 일이 뜻대로 잘 안되고 힘든 일이 지속되면 지푸라기라도 붙잡는 심정으로 도대체 내 팔자와 운명이 어떻길래 이렇게 일이 잘 안 풀릴까? 생각하게 된다. 그러다 결국 일평생 인간을 연구했다는 철학관을 찾아가거나 사람만 봐도 과거를 다 알고 미래를 예언한다는 무속인을 찾아가는 사람도 적지 않다.

어떤 사람은 자신의 사주팔자를 물어보고 굿을 하기도 하며 무속인이나 철학관에서 시키는 대로 이사도 가보고, 이름을 바꾸는 작명도 해본다. 묘 이장도 해보고, 지갑이나 가방 속에 부적을 넣어 다니기도 하고, 베개 속에 넣고 베고 자기도 한다.

그렇게 하면 일이 잘되고 성공하게 되는 것일까?

과연 사주(四柱)는 과학적이고 사실적인 것일까?

사주는 태어난 년, 월, 일, 시를 따져서 그것을 동물의 형상과 연결지어서 해석하기 때문에 사주가 같으면 운명도 같아야 한다는 논리가 성립된다. 사람은 누구나 태어나면서 년, 월, 일, 시에 운명이라는 단어가 하나씩 붙었다는 것이다. 년은 60갑자(甲子), 월은 12월(月), 일은 60일진(日辰), 시는 12시간으로 나누는데, 이럴 경우에는 $60 \times 12 \times 60 \times 12 = 51$만 4,800가지로 나누어진다.

그렇다면 현재 지구상에 존재하는 인구를 65억 명으로 계산한다면, 대략 1만 2,538명의 사주가 같다는 계산이 나온다. 그러나 그 수치대로 사람들의 운명과 팔자가 과연 같은 것일까? 아니다. 전혀 그렇지 않다.

사람의 미래와 현재를 동물로 해석하는 자체가 잘못된 해석이다. 이것은 타락한 영인 사탄이 교묘하게 속이는 방편이다. 성경

에베소서 2장 2절에 보면 사탄은 이 세상 풍속을 가지고 인간을 속이는 존재라고 밝히고 있다.

사실 이러한 운명과 사주팔자가 성확하게 맞다고 하녀라도 성경은 거기서 빠져나오는 길이 있다고 알려주고 있다.

예를 들면 북한과 김정일 정권이 있다. 그곳에서는 국민들이 사상 검증을 받아야 하고, 그곳이 지상 낙원이라고 외치며 충성을 맹세해야 한다. 체제를 비판하면 수용소에 끌려가 죽게 된다. 그러나 대한민국으로 귀순해 한국 시민권을 받아버리면, 북한을 비판해도 안전하다. 왜냐하면 북한에서 해방됐기 때문이다.

이와 같이 운명과 사주팔자에서 해방되어 자유를 얻는 길이 바로 예수 그리스도를 마음속에 영접하고 믿고 구원을 얻는 것이다.

구원받은 사람은 매일 묘를 이장하고, 매일 이사를 다녀도 전혀 문제가 없다. 이사 가는 날 잡고, 방향 잡고, 어디 가서 물어보고, 시키는 대로 할 필요가 전혀 없다는 것이다.

원래 인간이란 말의 그리스어는 '안쓰로포스' 라는 단어로 '위를 바라보는 자' 라는 뜻이다. 짐승은 혼은 있으나 영이 없다. 그래서 배만 부르면 만족해한다. 그러나 인간은 육신과 영혼, 정신이 합해져서 된 존재이므로 육신적인 것만의 충족으로는 만족할 수 없다.

인간의 육신은 부모를 통해서 이 땅에 태어난다. 우리의 부모와 조상을 계속 거슬러 올라가보면, 최초의 사람인 아담과 하와가 있다. 하나님이 인간을 지으실 때, 위를 바라보도록 지으셨다.

우리 집에는 애완용 개가 두 마리 있다. 개가 인생살이가 고달프다고 가출해 방황하는 일은 절대 없다. 개는 배만 부르면 만족한다. 그러나 사람은 배만 부르다고 만족하지 못한다. 인간은 영적인 존재이므로 어디서 와서 왜 살며 어디로 가서 어떻게 되는지라는 영원한 문제가 해결될 때 진실로 평안하게 된다.

하나님이 우주 만물을 6일 동안 창조하신 내용이 성경 제일 첫장에 나오는데, 그 내용을 보면 창조의 원리 4가지를 찾을 수 있다. 3일째 되는 날에 물을 짓고, 5일째 되는 날 물고기를 지어서 물속에 넣으셨다. 물고기는 물속에서 살아야 한다는 원리다. 아무리 큰 물고기일지라도 물을 떠나는 날은 곧 죽게 되는 것이다.

하나님은 흙을 짓고 나무와 채소, 식물이 자라게 하셨다. 나무는 흙에 뿌리를 박고 살아야 한다. 아무리 큰 아름드리나무일지라도 흙을 떠나면 곧 말라죽게 된다.

하나님은 공중을 짓고 새, 곤충, 나비가 날도록 지으셨다. 새는 공중, 곧 대기권 안에서 날아다니며 살게 하셨다. 새가 대기권을 벗어나면 곧 죽게 된다.

인간은 유일하게 하나님 형상대로 흙으로 빚고 생기를 그 코에 불어넣으셨다고 한다. 그 생기라는 단어가 히브리어로 '루아흐'인데, 하나님의 입김이라는 뜻이다. 하나님께서 아담의 코에 하나님의 호흡을 불어넣으신 것이다. 그렇게 인간은 영적으로 하나님을 찾고 하나님과 교제하도록 지음 받은 것이다.

우리의 육신은 부모님을 통해서 태어났기 때문에 부모, 형제, 혈육이 중요하다. 그와 같이 우리의 영혼은 하나님으로부터 왔으므로 영적으로 하나님과 통하는 것이 중요하다.

하나님은 천사를 지었고 천사는 심부름하는 영적인 존재였다. 그러나 그 천사 중 삼분의 일이 타락하고 하나님께 도전함으로 하나님께 저주받은 영이 되었다. 그 타락한 천사를 가리켜서 '사탄' 또는 '마귀'라고 하며, 그들의 졸개를 가리켜서 '귀신'이라고 한다.

우리나라에는 약 40만 명 정도의 무속인이 등록되어 있다. 등록되지 않은 무속인까지 포함하면 약 100만 명 정도로 추산된다. 그들은 한결같이 조상신, 장군신 또는 동자신을 받았다고 한다.

그러나 성경은 그들을 귀신 들린 사람들이라고 말한다. 귀신이 들려서 귀신 같이 알아 맞추면서 속이는 영이라고 밝히고 있다. 성경은 무속인 생활을 하면 저주 받고 자녀들은 정신병이 온다고 말한다.

아담과 하와가 뱀에게 속아서 하나님이 금하신 선악과를 따먹고 하나님을 떠나 마귀를 따라감으로 인간에게 고통과 저주가 왔다. 인간이 타락하기 전에는 뱀도 말을 했다. 뱀이 하와를 찾아와서 선악과를 먹으면 네가 하나님이 된다고 미혹했다. 성경은 뱀 속에 타락한 영인 마귀가 들어가서 그렇게 시켰다고 말하고 있다. 아담과 하와가 하나님과의 약속을 파기하고 에덴동산을 떠나 마귀를 따라감으로 고통과 저주와 사주팔자에 빠지게 된 것이다.

아담, 하와의 죄로 인해 오늘날 내가 왜 그 죄 값을 치러야 하느냐고 묻는 사람을 종종 만난다. 옛날 노예 제도가 있었을 때 노예의 집안에서 태어나면 평생 노예의 신분으로 살아야 했다. 이와 같이 아담의 후손으로 태어난 사람은 평생 운명과 사주팔자 속에서 귀신을 섬기며 살아야 한다.

하나님은 그 문제를 해결하려고 하나님의 아들이며 죄 없는 예수 그리스도를 이 땅에 보내서 대신 죽게 하셨다. 누구든지 예수 그리스도를 믿기만 하면 모든 죄에서 구원받고 하나님의 자녀가 되며 운명과 사주팔자에서 빠져 나오는 길을 얼어놓으신 것이다.

그 예수님을 그리스도라고 한다. 그리스도란 '기름 부음 받은 자'란 뜻이다. 구약 시대에는 선지자, 제사장, 왕의 취임식 때 머리에 기름을 부으며 안수했다.

선지자는 하나님의 음성을 듣고, 인간들에게 하나님을 만나는 길을 알리는 자다. 제사장은 죄를 지은 사람으로부터 죄의 고백을 듣고, 대신 짐승을 잡아 죄를 대속하고 문제를 해결해 주는 자다.

예수 그리스도는 십자가에서 죄 없이 죽음으로써 우리의 죄와 저주 문제를 대신 해결하셨다. 그러므로 예수를 믿는 순간에 죄에서 해방된다.

왕은 백성을 통치하는 자다. 예수를 믿는 순간 예수 그리스도가 사탄, 마귀, 귀신을 꺾고 우리를 해방시킨다. 예수를 믿고 영접할 때 인간은 마귀와 귀신에게서 빠져나와 단번에 하나님의 자녀가 되고 운명과 사주팔자에서 영원히 해방된다.

운명에서 해방된 사람은 '이사나 결혼식에 택일을 해야 저주를 받지 않는다' 던 풍속에서 완전히 빠져나왔으므로 언제든지 큰일을 치러도 아무 문제 없다.

나는 15년 전까지 삶이 너무나 힘겨웠었다. 그 때 전도자 류광수 목사님을 만나면서 예수가 그리스도임을 분명히 알게 되었다. 마태복음 16장 14절을 보면 많은 사람들이 예수님을 세례 요한, 엘리야, 예레미야, 선지자 등으로 잘못 알고 있다. 그런데 마태복음 16장 16절에 보면 베드로는 예수가 그리스도 되심을 고백했다.

예수는 구원자라는 뜻의 이름이고, 그리스도는 직능으로서 하나님을 떠난 인간에게 하나님을 만나는 참된 선지자이며, 죄 문제를 해결하신 참제사장이시고, 사단을 꺾으신 참된 왕이시다.

예수님은 그리스도로서 선지자가 하는 하나님 만나는 일과, 제사장이 하던 죄 문제 해결과, 왕이 하던 사단을 꺾는 일 모두를 하신 참된 왕이다. 그리스도를 알게 된 때부터 실패가 성공으로, 가난이 부유함으로, 저주가 축복으로, 모든 것이 바뀌게 되었다.

독자 여러분도 예수를 그리스도로 확인하고, 발견하고, 체험하고, 누리기를 바라며 그리스도의 이름으로 참된 행복연출가가 되기를 기원한다.

혹시 지금 사주팔자 문제나 노이로제, 우울증 때문에 고통당하는 분이 있으면 이 책에 첨부된 CD를 듣고 영적인 시달림에서 해방되기를 바란다.

독자 여러분에게 그리스도의 평강이 함께 하기를 기원한다. 나 자신은 예수 그리스도를 참으로 알게 된 때부터 실패가 성공으로, 좌절이 희망으로, 가난이 부유함으로 역전될 수 있었다.

이 축복이 독자 여러분에게도 임하시기를 기원한다.

에 필 로 그

긴 겨울이 지나고 또 다시 봄이 찾아왔다. 거리에는 개나리가 만발하고 산야에는 진달래가 울긋불긋하다. 어린 시절 앞산에 올라가서 입술이 시퍼렇게 되도록 진달래꽃을 따먹고 한 아름 꺾어 집으로 가져오곤 했던 일이 생각난다.

어릴 때는 빨리 자라서 어른이 되고 싶었었다. 그런데 어느덧 50대에 접어들었다. 아직도 생각은 젊고 정신 연령은 20대인 것 같은데, 내 나이가 벌써 그렇게 되었다. 지금까지 참으로 바쁘게 달려왔다.

이제는 좀 여유를 가지며 삶의 의미를 느끼며 살고 싶다. 카메라 하나 달랑 메고 여행을 떠나서 시골 풍경도 담고 싶고, 등산을 떠나 높은 산 위에 올라가서 산새들의 지저귀는 소리와 시냇물

흐르는 소리도 듣고 싶다. 또 그리운 옛 친구들도 만나 사람 사는 진솔한 이야기도 나누고 싶다.

그러고 보니 시간이 무척 빠르게 지나가고 있다. 하루를 일 년처럼 살아야 되겠다는 생각이 든다. 2007년 12월 초등학교 동창 모임에 나가서 옛 친구들과 함께 식사하며 이야기꽃을 피웠었다. 그때 한 친구가 나이 한 살 더 먹는 것이 속상해서 11월 달력을 아직도 안 넘기고 있다고 했다. 가는 봄을 잡지 못하고 오는 여름을 막지 못하는 것이 우리의 인생이 아니던가?

감히 내가 책을 쓰다니. 하나님께 진심으로 감사드린다.

박 용 배

행복하고 싶은가? 그래, 행복하라!

박용배 목사님이 이메일로 두 편의 원고를 보내주셨다. 각각 《못난이 목사, 벼랑 끝에서 날다》와 《생각의 설계》라는 제목이 붙어 있었다.

그동안 10년 가까이 박 목사님과 인연을 맺어온 터라 여간 반가운 일이 아니었다. 목사님은 국내는 물론 해외 어디라도 자신을 필요로 하는 곳이라면 시간과 장소를 불문하고 달려가시는 분이다. 물론 하나님의 말씀으로 병든 영혼을 치유하기 위해서다.

그래서 '드디어 당신이 바라던 대로 새로운 복음전파를 위해 신앙간증과 설교를 책으로 엮어 내셨구나' 하고 생각했다. 그런데 원고를 읽어내려 가는 동안 내 생각이 잘못됐다는 것을 깨닫게 되었다. 원고에는 신앙간증보다 생생한 '삶의 역정'이 있었고, 설교보다 힘 있는 '삶의 이야기'가 있었다.

《생각의 설계》는 작지만 힘 있고, 소박하지만 큰 울림이 있는 책이다. 누구나 꿈꾸고 있는 성공과 행복이라는 단어를 당장 내 것으로 만들 수 있다는 강한 자신감을 주는 책이다.

사실 행복과 성공은 인류의 오래된 주제인지라, 관련된 책들도 시중에 많이 나와 있다. 위대한 사상가의 행복론에서부터 경영컨설턴트의 구체적인 성공지침서까지 훌륭하고 다양한 책들이 사람들의 시선을 꾸준히 받고 있다.

그런데 역설적이게도 현대인들에게 행복은 점점 더 멀어지고 있는 것처럼 보인다. 찬찬히 자신을 돌아보거나 조금만 주위를 살펴보면 우리 인생이 자신도 모르게 음습한 불행의 늪으로 빠져 들어 가고 있는 건 아닌가 하는 의문을 갖게 된다. 우리를 둘러싼 환경들이 점점 나의 행복을 갉아먹는 좀벌레로, 때로는 넘을 수 없는 장애물로 나타나기 때문이다.

그런데 박 목사님은 이런 생각부터 버리라고 잘라 말한다. 자기 인생을 남이 대신 살아 줄 수 없듯, 내 인생을 행복한 드라마로 만들 것인가 아니면 불행한 드라마로 만들 것인가는 전적으로 나 자신에게 달려 있다는 것이다. 너무나 당연해서 그냥 무심코 지나칠 수 있는 말이지만, 이 책을 읽다보면 생생히 살아 꿈틀거리는 신비한 힘으로 다가온다.

짧지만 깊이가 있고 위트가 있는 다양한 우화와, 진정 행복이 무엇인지를 알고 살아가는 사람들의 생생한 이야기가 함께 어우러져 한 장 한 장 책장을 넘길 때마다 미소를 품고 고개를 끄덕이는 나를 발견하게 된다.

《생각의 설계》에는 어려운 단어도, 난해한 문장도, 현란한 글솜씨도 없다. 단순 명쾌하게 행복의 계단을 향해 올라가는, 가장 쉬운 생각만이 있을 뿐이다. 그런데 그 모든 생각은 다름 아닌 목사님 당신의 삶에서 그대로 투영되어 나온 결과물이다.

이 책의 소박한 장점 중의 하나가 바로 이 부분이다. 진정 행복한 사람만이 쓸 수 있는 책이 바로 이 책이다. 인류의 궁극적 소망인 '행복'을 쉽고도 간결하면서 설득력 있게 말할 수 있었던 것은, 박 목사님 자신의 인생 이야기이기 때문에 가능했을 것이다. 누구보다도 불행한 삶을 살아 자살까지 생각했던 초등학교 출신의 젊은이가 이제는 세계를 누비는 행복 전도사로 180도 변신한 놀라운 이야기….

그래서 이 책은 행복에 대해 두루뭉술한 이론을 펼치는 대신, '인간은 이미 누구나 행복한 존재로 태어났고 그 행복을 누릴 수 있는 권리를 부여받았기 때문에 생각만 조금 바꾸면 그것을 성취할 수 있다'고 일관되게 말하고 있다.

이 책을 읽다보면 행복에 대한 생각이 피동에서 능동으로 자연스럽게 바뀌어 설계되는 '생각의 개혁'이 일어난다. 그리고 마침내 책을 덮을 때쯤이면 내면으로부터 작은 속삭임이 들려온다.

행복하기 위해서 먼저 생각의 설계부터 아름답게 만들어가자고. '그래, 지금부터 당장 행복하자'라고.

권혁만 KBS 도쿄 PD특파원